Cocina rica y sabrosa con la olla a presión

Equipo de expertos Cocinova

COCINA RICA Y SABROSA CON LA OLLA A PRESIÓN

A pesar de haber puesto el máximo cuidado en la redacción de esta obra, el autor o el editor no pueden en modo alguno responsabilizarse por las informaciones (fórmulas, recetas, técnicas, etc.) vertidas en el texto. Se aconseja, en el caso de problemas específicos —a menudo únicos— de cada lector en particular, que se consulte con una persona cualificada para obtener las informaciones más completas, más exactas y lo más actualizadas posible. EDITORIAL DE VECCHI, S. A. U.

© Editorial De Vecchi, S. A. 2019
© [2019] Confidential Concepts International Ltd., Ireland
Subsidiary company of Confidential Concepts Inc, USA
ISBN: 978-1-64461-906-3

El Código Penal vigente dispone: «Será castigado con la pena de prisión de seis meses a dos años o de multa de seis a veinticuatro meses quien, con ánimo de lucro y en perjuicio de tercero, reproduzca, plagie, distribuya o comunique públicamente, en todo o en parte, una obra literaria, artística o científica, o su transformación, interpretación o ejecución artística fijada en cualquier tipo de soporte o comunicada a través de cualquier medio, sin la autorización de los titulares de los correspondientes derechos de propiedad intelectual o de sus cesionarios. La misma pena se impondrá a quien intencionadamente importe, exporte o almacene ejemplares de dichas obras o producciones o ejecuciones sin la referida autorización». (Artículo 270)

Índice

INTRODUCCIÓN	7
RECETARIO	13
ENTRANTES	15
Cremas y sopas	16
PRIMEROS PLATOS	39
Pasta, arroz y patatas	40
Verduras y legumbres	68
SEGUNDOS PLATOS	91
Carnes y aves	92
Pescado y marisco	123
POSTRES	149
SALSAS	163
MENÚS	177
ÍNDICE DE RECETAS	187

Introducción

La olla a presión: un instrumento indispensable y en continua evolución

Sin lugar a dudas, la olla a presión, genial invento debido al señor Papin, es el recipiente más útil de todo el menaje de cocina. Quien disponga de poco tiempo para cocinar no podrá prescindir de ella.

Una olla a presión que funcione bien permite reducir a la tercera parte el tiempo de cocción normal de un alimento, y lo mejor de todo es que la cocción se produce sin deterioro alguno del sabor o del valor nutritivo.

Efectivamente, la cocción al vapor concentra y evita la pérdida de principios nutritivos y de aromas. Los platos resultan así más sabrosos, las verduras no pierden color ni vitaminas y las carnes, incluso las más duras, pueden servirse sin problemas después de haberse cocinado en la olla.

La olla a presión resulta indispensable en la preparación de platos de larga cocción, y si cualquier cocinero nobel se habitúa a ella, pronto descubrirá otras muchas ventajas. Con ella se pueden preparar sin problemas flanes y pudines, se pueden esterilizar mermeladas y conservas, etc. En resumen, nos ofrece una infinidad de prestaciones, algunas de las cuales pretendemos mostrar en el recetario que incluye este libro.

Sería muy difícil encontrar alguna desventaja en el uso de la olla a presión. Sin embargo, cuando empezó a funcionar en algunos hogares, muchas amas de casa mostraron su reticencia. Parecía raro que platos de lenta cocción, como pueden ser los estofados, las conservas, los guisos, caldos, legumbres o asados, estuvieran listos en la cuarta parte de tiempo, y además, sin perder en nada su exquisito sabor. Pero, por todos es sabido que cuanto más breve es el tiempo de cocción, tanto más inalterable conservan los alimentos su valor nutritivo, es decir, sus vitaminas y sales minerales, que no se diluyen en grandes cantidades de agua y, por lo tanto, se aprovechan completamente.

Por otra parte, otro prejuicio que suele surgir al comenzar a utilizar la olla a presión es el temor injustificado de que este tipo de ollas son peligrosas. Sin embargo, si se siguen los consejos de empleo no tiene por qué ser así. Se deben respetar siempre los tiempos de cocción, y hay que esperar a abrir la olla cuando sea el momento, es decir, cuando haya terminado el proceso de desvaporización.

Todas las ollas disponen de un sistema de regulación del vapor y también de un dispositivo de seguridad. En el apartado «Normas generales que deben observarse para la buena utilización de la olla» (véase pág. 9) señalamos las normas básicas para una buena utilización de la olla y que descartan cualquier posibilidad de que esta pudiera explosionar.

La olla a presión representa la forma más higiénica y limpia de cocinar. Al poder cerrarse herméticamente, se evitan las salpicaduras y, evidentemente, que se derramen salsas y líquidos sobre el fuego. Además, la comida se conserva caliente durante más tiempo, y se evitan también, en gran parte, los desagradables olores que desprenden ciertos alimentos, como las coles, repollos, etc.

La olla a presión también permite un considerable ahorro de energía. En la cocción tradicional en cazuelas y pucheros, el vapor se escapa, con la consiguiente pérdida de calor y energía. Además, se tarda mucho más en conseguir la temperatura de ebullición (100 C) y se debe recuperar constantemente el calor perdido por la evaporación, por lo que los alimentos necesitan estar más tiempo sobre el fuego. La olla a presión, en cambio, se cierra herméticamente. Al calentar la olla y su contenido, la presión aumenta en el interior, y el líquido alcanza temperaturas superiores a 120 C, hecho que acelera la cocción cuatro o cinco veces más.

La adquisición de la olla

La evolución de la olla a presión es continua y, poco a poco, ha ido afectando tanto a los aspectos técnicos —dispositivos de seguridad, funcionamiento de las válvulas y fondos difusores— como a las prestaciones y a las formas de utilización, tales como la cocción al vapor, la descongelación y la esterilización de las conservas. La última innovación consiste en un sistema de cocción a dos presiones que permite cocinar cualquier tipo de alimento a la temperatura adecuada: una cocción suave para los alimentos «tiernos» (como verduras, pescados y arroces) y una fuerte, para cocciones prolongadas, que supondría un ahorro de tiempo del 25-30 % a sumar al 50 % que nos ahorraríamos utilizando una olla a presión normal.

En el momento de comprar una olla a presión, conviene elegir un tamaño adecuado a nuestras necesidades, o incluso algo mayor de lo previsto.

Una mayor capacidad permitirá cocinar dos cosas al mismo tiempo —el asado y, en la rejilla, las verduras con las que lo condimentaremos—, o introducir un molde de flan.

Una olla de cuatro litros sirve para dos personas; la de seis litros, en cambio, es adecuada para cuatro personas, y así sucesivamente.

No nos debemos fiar sólo del tamaño del recipiente, ya que resulta engañoso si se compara con el de una olla convencional. De hecho, la olla a presión no debe llenarse nunca más de los dos tercios.

Según los procedimientos de cierre, hay ollas de muy diversos tipos. Conviene siempre elegir un modelo sencillo, que facilite explicaciones claras de su funcionamiento.

Existen ollas de uno o más grados de presión de vapor. El modelo de un grado es el más utilizado. Sin embargo, si queremos elaborar conservas caseras, con una olla de varios grados de presión nos será más fácil conseguir el punto requerido.

Casi todas las ollas a presión ajustan mediante una tuerca y un pasador, y regulan la salida del aire a través de la válvula. Cierran herméticamente gracias a una goma que debe ser renovada cada cierto tiempo. Este es el único elemento que se deteriora. El resto de la olla, ya sea de acero inoxidable o de otro metal más simple, puede ser prácticamente eterno.

En otros modelos —los llamados de cazo—, el cierre se efectúa por superposición y ajuste de la base y la tapa. La regulación de la presión se lleva a cabo mediante una pesa o capuchón. El sistema de capuchón suele ser empleado en las ollas que permiten dos o más presiones.

El elemento complementario casi indispensable de toda olla a presión es el cestillo. Suele tener varios compartimentos, está agujereado en las paredes y el fondo, y permite cocinar a un tiempo, sin mezclarse, verduras o alimentos diversos.

La bandeja perforada y el cestillo presentan unas patitas que aíslan los alimentos del agua o líquido que produce el vapor en que se cuecen. La preparación resulta perfecta.

La mayoría de las ollas a presión que podemos encontrar en el mercado suelen tener distintas presiones. Casi todas disponen de tres:

— Presión máxima, que se emplea para cocer carnes, verduras y guisos.
— Presión media, que se utiliza para ablandar, para preparar mermeladas y jaleas.
— Presión mínima, que se emplea para preparar conservas de frutas, para alimentos que contengan fermentos y para preparar sopas o cremas que contengan nata u otros ingredientes delicados.

En casi todos los modelos, para reducir la presión tendremos que colocar la olla bajo el chorro de agua fría del grifo, vigilando que no entre agua en la válvula de seguridad.

En la elaboración de algunos platos los alimentos mejoran si se reduce poco a poco la presión; para ello, se retira la olla del fuego y se dispone sobre una superficie refractaria hasta que el vapor haya salido totalmente. La reducción de la presión se efectúa únicamente cuando la cocción ha terminado.

Algunos modelos más sofisticados, sin embargo, pierden la presión rápida y automáticamente en cuanto la olla es retirada del fuego.

Normas generales que deben observarse para la buena utilización de la olla

Normas para la conservación de la olla

- Es indispensable seguir al pie de la letra las instrucciones que se facilitan siempre al adquirir la olla.
- Antes de utilizarla por primera vez, se aconseja lavarla bien con agua y jabón. Es preferible efectuar una primera cocción con medio litro de leche caliente, durante unos minutos.
- Cada vez que se utilice la olla, se lavará con agua templada y jabón líquido, procurando no emplear detergentes arenosos ni ácidos. Se escurrirá y se secará enseguida.
- La olla no debe guardarse cerrada: la tapa debe colocarse en posición contraria a su uso normal, para evitar de esta manera los malos olores.
- Se recomienda sacar a menudo la arandela de goma y lavarla aparte. La válvula no precisa ser lavada, basta con secarla bien.
- En la olla a presión suele haber un disco de seguridad de goma, que con el paso

del tiempo y con el uso se reseca. Por lo tanto, se hace necesario renovarlo regularmente. Si esta válvula se obstruyera, o la olla contuviese demasiado líquido, el tapón saltaría y facilitaría de esta manera la salida de vapor.
- Se recomienda utilizar cucharas e instrumentos de madera para remover los alimentos.

Normas de seguridad

- No se deben tocar las superficies calientes: hay que utilizar las asas o elementos aislantes.
- No se debe colocar la olla en un horno caliente.
- Antes de utilizarla hay que comprobar que la válvula de descompresión no se encuentre obstruida o atascada. Esta válvula es de gran importancia, ya que es la que mantiene constante la presión sin permitir que se eleve más de lo necesario.
- La olla debe cerrar herméticamente: hay que encajar bien la tapa y girar con fuerza hasta que quede bien ajustada.
- No es un recipiente adecuado para freír con aceite.
- Hay que tener mucho cuidado al moverla si contiene líquidos calientes.
- No se debe llenar nunca por encima de los 2/3 de su capacidad, ya que debe quedar espacio libre en el interior para que se produzca el vapor.
- Si se van a cocer alimentos que generan espuma —arroz, lentejas—, no hay que llenarla nunca más de la mitad.
- No se debe utilizar para otro fin que no sea el previsto. Su uso inadecuado puede provocar quemaduras.
- Se debe tener precaución con los niños: no se utilizará la olla cerca de ellos.

Normas básicas para una cocción segura

- Al cocer alimentos como compota de manzana, arándanos, cebada, harina de avena o bien otros cereales, tallarines, macarrones, ruibarbo o espaguetis, se debe poner especial cuidado, ya que tienden a formar espuma y a chisporrotear, y pueden bloquear el dispositivo de descompresión.
- Se llenará la olla sólo hasta la mitad de su capacidad cuando se preparen cereales o pastas que aumentan mucho su volumen.
- La cocción se debe comenzar a fuego vivo, y se bajará la llama cuando la válvula comience a hacer ruido, manteniendo un ligero silbido.
- El tiempo de cocción se calcula a partir del momento en el que comienza a salir vapor por la válvula.
- Transcurrido el tiempo de cocción que se indica en la receta, se retirará la olla del fuego. Si es necesario realizar un enfriamiento lento, se dejará la olla tapada hasta que la presión baje por sí sola. Si, por el contrario, el enfriamiento debe ser rápido, se colocará la olla tapada bajo el chorro de agua fría.
- Si la receta requiere añadir otros ingredientes durante la cocción, hay que hacer que salga el vapor como si la cocción hubiera terminado antes de abrir la olla; luego se añadirán los ingredientes, se volverá a cerrar, se restablecerá la presión a fuego vivo y, después del silbido, se volverá a calcular el tiempo de cocción necesario.
- La olla a presión no requiere recetas especiales; para empezar, se disponen todos los ingredientes en frío o bien, cuando la receta así lo requiera, se dora la carne, se hace un sofrito, se tuesta el

arroz, etc. A continuación, se añade la cantidad de líquido indicada, se cierra la olla y, desde el momento en que el vapor comienza a salir por la válvula, se controla el tiempo de cocción.
- La cantidad de líquido que hay que poner en la olla debe ser exactamente la que se indica en la receta. Las sopas también resultan más sabrosas si el caldo queda concentrado.
- Para cocinar al vapor se colocará la rejilla o el cestillo. El agua que se vierte en la olla en estos casos no ha de tocar el alimento que se está cocinando, y por tanto no ha de sobrepasar en ningún momento la rejilla.
- Debido a lo cortos que son los tiempos de cocción, conviene emplear un avisador para saber cuándo debe retirarse la olla del fuego. En este momento, no se dejarán los alimentos en la olla salvo que se indique especialmente, ya que estos podrían recocerse.
- Para asar un kilo de carne en la olla no necesitaremos más que un poco de aceite y 1/4 l de vino o caldo.
- En caso de no disponer de mucho tiempo y no poder esperar a que la presión se rebaje sola, se puede dejar que cueza unos dos o tres minutos más y proceder a un enfriamiento rápido.
- También se pueden cocinar los alimentos congelados.
- Si se cocina con placas eléctricas y en la receta se indica proceder a un enfriamiento lento, se deberá retirar la olla de la placa, ya que al mantenerse esta bastante rato caliente se podría alterar la cocción del alimento. Para ahorrar energía, se recomienda desconectar la placa antes del tiempo indicado en la receta, pues la cocción se terminará de realizar con el calor que se mantiene en ella.

Introducción

Recomendaciones generales

- No se debe emplear nunca la olla a presión sin líquido, ya que podría estropearse. Se deben poner siempre, al menos, 250 ml de líquido.
- Antes de utilizar la olla a presión nos aseguraremos de emplear fuentes de calor apropiadas:

  — Cuando se utilice un quemador de gas, se comprobará que la llama no sea en ningún momento mayor que la base de la olla.
  — Cuando se coloque la olla sobre una placa eléctrica, se elegirá una placa con un diámetro igual o inferior al de la olla.

- Antes de colocar la olla a presión sobre una superficie sensible, como una placa de vitrocerámica, se procurará que su base esté seca y limpia.
- Los dispositivos de seguridad de la olla son extremadamente sensibles. En el caso en el que estos fallaran, se dejará de utilizar la olla.

Posibles problemas y soluciones

LA OLLA NO COGE PRESIÓN

— La fuente de calor está a baja potencia: hay que aumentarla.
— No hay suficiente líquido: hay que añadir más.
— La válvula reguladora de cocción se ha colocado de manera incorrecta, y debemos proceder a colocarla correctamente.
— No se ha cerrado bien la olla.
— El indicador de bloqueo está sucio: es preciso limpiarlo.

— Alguna pieza de la olla (junta, cestillo) están deterioradas: hay que reemplazarlas.

El vapor se escapa por la tapa

— La junta está mal colocada: hay que reemplazarla.
— La junta está sucia: hay que limpiarla.
— La junta está deteriorada: hay que reemplazarla.
— La tapa está deteriorada o abollada: hay que reemplazarla.

No puede abrirse la tapa

Nos aseguraremos de que no hay presión.
En caso de que quede algo, hay que dejar que salga antes de intentar abrir la olla. Si la tapa no se abre, pondremos la olla a enfriar bajo el grifo.

Se pone en marcha uno de los mecanismos de seguridad

Precaución. Hay que apagar el fuego inmediatamente y dejar que la olla se enfríe; a continuación, controlaremos la parte central de la válvula y la válvula reguladora de presión.

La olla no contiene líquido y suelta vapor

Se llevará el aparato a un servicio técnico autorizado para su control.

Es imposible encajar la tapa de la olla

Se debe controlar la posición de las juntas de la tapa.

No se cocinan los alimentos

— Se ha calculado mal el tiempo de cocción.
— La potencia del fuego no ha sido la adecuada.
— Se ha colocado mal la válvula reguladora de la cocción.

Los alimentos se queman

— Se ha escogido un tiempo de cocción erróneo.
— El fuego está demasiado fuerte.
— No hay suficiente cantidad de líquido.
— Se ha colocado mal la válvula reguladora de la cocción.

Desconocimiento del momento en que empieza la cocción

La cocción empieza en el momento en el que la válvula reguladora de la cocción funciona (el vapor escapa a través de esta).

El vapor se escapa bajo la tapa

— No se ha cerrado la olla correctamente.
— La seguridad está actuando.
— La junta está mal colocada o sucia.

Recetario

Leyenda

La estructura de cada una de las recetas responde a un afán por ordenar con claridad la información que se desea transmitir, de ahí que se representen con iconos los siguientes aspectos:

 Número de personas
 Tiempo
 Dificultad
 Valor económico
 Calorías por persona
Vino recomendado

Entrantes

Cremas y sopas

Cremas y sopas

Las cremas y las sopas son imprescindibles en cualquier dieta, y pueden servirse como entrantes o como plato principal de una comida.

Constituyen un plato nutritivo, variado y por lo general muy económico.

La olla a presión es una forma eficiente, rápida y económica de preparar las mejores cremas o sopas.

Así, por ejemplo, en los caldos de carne en los que se emplean huesos, la elevada temperatura que se alcanza en la olla hace que se disuelva la gelatina de estos, lo cual le da a la sopa un sabor muy agradable y un color más claro.

Al preparar sopas o cremas en la olla hay que calcular siempre muy bien el líquido necesario para cada ración, ya que no hay que olvidar que se evapora menos que en la cocción tradicional.

Se utilizará la presión máxima para los caldos de carnes; la presión mínima, por el contrario, será adecuada sólo para sopas de pescado o verduras delicadas.

Los tiempos de cocción recomendados en las recetas de este capítulo están establecidos para que se efectúe posteriormente un enfriamiento lento. Si se piensa realizar un enfriamiento rápido, debe prolongarse el tiempo de cocción, aproximadamente, un 25 %.

Caldo de pollo o gallina

👤	4 personas
🕐	30 minutos
👨‍🍳	Fácil
$	Económico
⚖️	230 calorías
🍾	Un vino tinto joven, Toro

1/4 de pollo o gallina, o una carcasa de pollo
1 paquete de verdura para caldo (puerro, zanahoria, apio, etc.)
1 hueso de rodilla de ternera
1 l y 1/2 de agua
1 cebolla
Sal

1 En primer lugar, se chamusca ligeramente el pollo o la gallina y se dispone en el interior de la olla junto con el hueso de ternera, previamente lavado, y el agua fría. Se dejan hervir todos estos ingredientes con la olla destapada.

2 A continuación, se añaden las verduras, lavadas y troceadas. Se sazona (aunque también puede dejarse esta operación para cuando ya está hecho el caldo), se tapa la olla y se deja cocer durante veinte minutos (contados, como siempre, desde el momento en que empiece a silbar la válvula).

3 Finalizada la cocción, se deja enfriar lentamente, se espera a que haya salido todo el vapor y se abre la olla.

4 Por último, y minutos antes de servir, se cuela el caldo.

Crema de alcachofas

👤	6 personas
🕐	35 minutos
👨‍🍳	Fácil
$	Económico
⚖️	120 calorías
🍾	Un vino rosado, Cariñena

2 l de caldo vegetal
400 g de corazones de alcachofas
300 g de patatas
1 escalonia
Hierbas aromáticas
Aceite de oliva
Pimienta
Sal

1 Primeramente, se limpia bien la escalonia y se pica. Se pelan las patatas, se lavan bien y se cortan en daditos. Se trocean las alcachofas, se lavan y se dejan escurrir.

2 A continuación, se sofríe el picadillo de escalonia en la olla con tres cucharadas de aceite de oliva. Seguidamente, se añaden los daditos de patatas y las alcachofas y se remueve bien.

3 Se incorpora el caldo y se cierra la olla. Se cuece todo durante veinte minutos, contados desde el momento en el que empieza a sonar el silbido.

4 Una vez terminada la cocción, se retira la olla del fuego, se espera a que haya salido todo el vapor y se abre.

5 Se salpimenta y se pasan las verduras en primer lugar por la batidora, y a continuación por el chino.

6 Por último, se sirve la crema acompañada con unos triángulos de pan de molde tostados y espolvoreados con hierbas aromáticas.

Crema alegre

👤	4 personas
🕐	20 minutos
👨‍🍳	Fácil
$	Medio
⚖️	140 calorías
🍾	Un vino rosado, Cigales

600 g de patatas
200 g de tomates pelados
100 g de maíz al natural, en conserva
1 calabacín
1 zanahoria
1/2 cebolla
1/2 tallo de apio
1 cubito de caldo
4 cucharadas de aceite de oliva
Sal y pimienta

1 En primer lugar, se lavan y se pican la cebolla, media zanahoria y el apio. Se calienta aceite en la olla y se rehoga en él este picadillo.

2 Se pelan las patatas y se cortan en daditos. Se incorporan a la olla y se deja que se cuezan unos minutos. Seguidamente se añaden los tomates pelados y el cubito de caldo, y se cubre con agua caliente.

3 Se cierra la olla y se deja cocer, a presión máxima, cinco minutos, contados a partir del momento en que suena el silbido.

4 Mientras tanto, se pela el calabacín. Se corta en dados junto con la otra media zanahoria y se escaldan en agua hirviendo salada.

5 Finalizada la cocción, se espera a que el vapor haya salido de la olla y se abre. Se bate con la batidora durante dos minutos.

6 Por último, se sirve la crema en platos individuales junto con los daditos de verdura y el maíz escurrido. Se añade el aceite restante y se sirve, ofreciendo aparte la pimienta.

Crema de alubias y alcachofas

👤	4-6 personas
🕐	40 minutos
👨‍🍳	Fácil
$	Económico
⚖️	130 calorías
🍾	Un vino rosado, de Navarra

400 g de alubias blancas, cocidas
2 cebollas
1 dl de nata líquida
4 alcachofas
2 yemas de huevo
1 l de caldo
1 limón
1 diente de ajo
2 cucharadas de aceite de oliva
40 g de mantequilla
4 rebanadas de pan de molde
Sal

1 Se exprime el limón y se cuela el zumo. A continuación, se limpian bien las alcachofas, eliminando las hojas más duras, y se sumergen en un bol lleno de agua acidulada con el zumo del limón.

2 Por otra parte, se limpian y pican las cebollas junto con medio diente de ajo.

3 Se derrite la mantequilla en la olla con el aceite. Se añade el picadillo y se rehoga.

4 Se incorporan las alcachofas escurridas y cortadas en rodajitas y el caldo hirviendo. Se cierra la olla y se deja cocer durante veinte minutos, contados desde el momento en que empieza a silbar.

5 Acabada la cocción, se espera a que salga todo el vapor de la olla y se abre. Se añaden las judías bien escurridas y se remueve. Se vierte todo en el pasapurés y se va recogiendo el producto resultante en una cacerola.

6 Se pone la cacerola al fuego y se deja que hierva, removiendo constantemente con un batidor de alambre para evitar que se pegue.

7 Mientras, se tuestan las rebanadas de pan de molde y se cortan en bastoncitos.

8 Por último, se baten en un bol las yemas de huevo junto con la nata y se vierte la mezcla en la cacerola, sin dejar de remover. Se sazona y se sirve la crema en una sopera adornada con picatostes y con hojitas de perejil.

Crema de bacalao con langostinos

👤	4 personas
🕐	40 minutos
👨‍🍳	Difícil
$	Caro
⚖	190 calorías
🍾	Un vino blanco seco, Valdepeñas

400 g de filetes de bacalao
8 langostinos
250 g de patatas
2 dl de leche
1 cebolla
1 diente de ajo
1 hoja de laurel
9 cucharadas de aceite de oliva
Pimienta
Sal

1 En primer lugar, se pelan las patatas, se lavan y se cortan en rodajas. Se pela la cebolla y se corta en aros bien finos. Se calientan tres cucharadas de aceite en la olla a presión y se rehogan en él la cebolla, el ajo picado y el laurel.

2 Cuando empiecen a dorarse, se retira el ajo y se añaden las rodajas de patata y los filetes de bacalao. Se deja dorar todo durante unos minutos, sin dejar de remover para que no se pegue.

3 Se salpimenta, se añade la leche y se cierra la olla. Se deja cocer todo durante diez minutos, contados desde el momento en que empieza a silbar la válvula.

4 Mientras tanto, se pelan los langostinos sin separar la cabeza y la cola. Se doblan por la mitad y se fijan con un palillo. Se doran en una sartén con tres cucharadas de aceite caliente. Se salpimentan y se reservan en un lugar caliente.

5 Acabada la cocción, se abre la olla después de dejar salir todo el vapor de agua. Se retira el laurel y se bate el resto.

6 Seguidamente, se añade el aceite, sin dejar de batir, hasta obtener una mezcla cremosa y homogénea.

7 Por último, se distribuye la crema de bacalao en cuatro platos, se disponen dos langostinos encima de cada plato, y se acompaña con una rebanada de pan.

Crema de brécol

👤	6 personas
🕐	30 minutos
👨‍🍳	Fácil
$	Económico
⚖	120 calorías
🍾	Un vino tinto, Ribera del Duero

800 g de brécoles
1 o 2 patatas
2 cebollas
1/2 vaso de nata líquida
2 huevos
1 cucharada de harina
2 l de caldo
4 cucharadas de aceite de oliva
Sal

1 En primer lugar, se lava y se trocea el brécol. Se pela la patata y se corta en dados. Se pelan y se pican muy finas las cebollas.

2 Se calienta aceite en la olla a presión y se sofríen en él las cebollas. Se añade el brécol y la patata, se espolvorea con harina y se fríen las verduras a fuego vivo.

3 A continuación, se riega con el caldo caliente, se remueve bien y se cierra la olla. Se cuece todo durante unos diez minutos, contados desde que empiece a sonar el silbido.

4 Una vez finalizada la cocción, se espera a que el vapor de agua haya salido de la olla, y se abre. Se bate todo y se coloca el puré obtenido en una cacerola.

5 Seguidamente, se cascan los huevos y se separan las yemas de las claras; se guardan aparte estas últimas, que podrán servir para preparar otra receta.

6 Finalmente, se añaden las yemas de huevo y la nata líquida al puré, se remueve bien y se calienta unos minutos. Se regula el punto de sal y se sirve enseguida, acompañado con pan tostado.

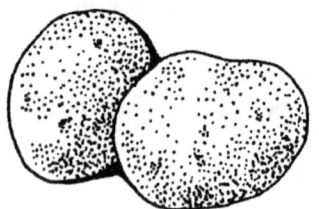

Crema de calabacines

👤	4 personas
🕐	20 minutos
👨‍🍳	Fácil
$	Económico
⚖	127 calorías
🍾	Un vino tinto ligero, Cariñena

750 g de calabacines
1 dl de nata líquida
30 g de mantequilla
40 g de queso rallado
3 rebanadas de pan de molde
1 yema de huevo
1 ramita de perejil
Aceite de oliva
Pimienta
Sal

1 Se pelan los calabacines y se cortan en daditos. Se lava y se pica finamente el perejil.

2 A continuación, se derrite la mantequilla en la olla a presión junto con dos cucharadas de aceite. Se rehogan en ella los dados de calabacín.

3 Después, se cubre todo con 1 l de agua caliente, se salpimenta al gusto, se cierra la olla y se cuece durante tres minutos, contados desde el momento en que comienza a silbar la válvula.

4 Transcurrido el tiempo de cocción, se espera a que haya salido todo el vapor de la olla y se abre. Se pasan por la batidora el perejil y los calabacines con su agua de cocción. Se reserva una cucharada de dados de calabacín para la guarnición.

5 Mientras, se bate la yema de huevo con el queso rallado y la nata y se incorpora la mezcla a los calabacines triturados.

6 Por último, se vierte la crema de calabacín en una sopera y se colocan encima los daditos de calabacín que se han reservado y el pan tostado y cortado en rombos.

Crema campesina

👤	6 personas
🕐	20 minutos
👨‍🍳	Muy fácil
$	Económico
⚖	130 calorías
🍾	Un vino rosado, Empordà

100 g de guisantes desgranados
100 g de judías verdes
1 calabacín
60 g de harina
1 l de caldo
3 cucharadas de nata líquida
2 cucharadas de queso rallado
60 g de mantequilla
Sal

1 Para empezar, se lavan y se trocean las judías y el calabacín. Se disponen, junto con los guisantes, en la olla a presión, con dos dedos de agua con sal.

2 En este momento, se cierra la olla y se deja cocer, a presión máxima, durante cuatro minutos, contados desde el momento en que empiece a hervir.

3 Mientras, se funde la mantequilla en una cazuela, se agrega la harina y se mezcla bien. Se añade el caldo caliente en chorro fino, sin dejar de remover. Se lleva a ebullición y se cuece durante diez minutos.

4 Una vez finalizada la cocción, se espera a que haya salido todo el vapor y se abre la olla. Se escurren las verduras, se agrega la nata y el queso rallado y se saltea unos minutos.

5 Finalmente, y minutos antes de servir, se vierte la crema en platos individuales y se lleva a la mesa caliente, pero no hirviendo.

Crema de espárragos

👤	**6 personas**
🕐	**30 minutos**
👨‍🍳	**Fácil**
$	**Económico**
⚖	**130 calorías**
🍾	**Un vino blanco seco, Rueda**

500 g de espárragos
3 cucharadas de aceite de oliva
100 g de puerros
1 l de caldo hirviendo
1/2 l de leche
150 g de harina de arroz
2 yemas de huevo
100 g de nata
Sal

1 Se limpian los espárragos y se les corta la parte tierna en rodajitas, reservando alguna punta. Se pican los puerros.

2 A continuación, se doran los puerros en la olla a presión con tres cucharadas de aceite. Se agregan los espárragos y se añade el caldo hirviendo.

3 Se tapa la olla y se deja cocer todo durante cuatro minutos, contando desde el momento en que comienza a hervir.

4 Acabada la cocción, se abre la olla una vez que haya salido todo el vapor y se pasa el contenido por el pasapurés.

5 Seguidamente, se vuelve a poner el puré sobre el fuego y se añade 1/2 l de leche, en el que se habrá disuelto previamente la harina de arroz. Se mezcla todo bien y se agregan las puntas de los espárragos que habíamos reservado.

6 Se cuece todo otra vez durante diez minutos, con la olla destapada.

7 Por último, se añaden las yemas de huevo y la nata, se ajusta el punto de sal y, al primer hervor, se sirve en los platos que van a ser llevados a la mesa.

Crema de pan

👤	6 personas
🕐	40 minutos
👨‍🍳	Fácil
$	Económico
⚖️	127 calorías
🍾	Un vino tinto ligero, del Penedès

250 g de pan duro
2 cebollas
1 loncha de jamón de 90 g
1 ramita de perejil
1 l y 1/2 de caldo
1 l y 1/2 de leche
60 g de mantequilla
Sal

1 Se corta en daditos el pan duro y 50 g de jamón. Se pelan y cortan en rodajas muy finas las cebollas, y se ponen en la olla a presión con la mantequilla y los daditos de jamón; se rehoga todo.

2 A continuación, se añaden los dados de pan, se remueve bien y se deja cocer unos minutos.

3 Seguidamente, se rocía con la leche y el caldo calientes, se cierra la olla y se deja cocer la sopa durante veinte minutos, contados desde el momento en que empiece a hervir.

4 Mientras tanto, se corta en tiras finas el resto del jamón. Se lava y se pica el perejil.

5 Acabada la cocción, se abre la olla después de dejar salir todo el vapor y se pasa todo por la batidora. Se introduce la crema de nuevo en la olla, se regula el punto de sal y se calienta a fuego medio, sin dejar que hierva.

6 Para finalizar, se vierte la crema en una sopera, previamente calentada, se espolvorea con el perejil picado y se adorna con las tiritas de jamón. Se sirve enseguida.

Crema de patatas

👤	4 personas
🕐	25 minutos
👨‍🍳	Fácil
$	Económico
⚖️	134 calorías
🍾	Vino tinto, Cabernet Sauvignon

600 g de patatas
200 g de puerros
4 rebanadas de pan de molde
7 dl y 1/2 de caldo
1 dl de nata líquida
60 g de mantequilla
Sal

1 Primeramente, se precalienta el horno a 200 C. Se pelan las patatas y se trocean. Se lavan y se pican los puerros. Se introducen las patatas y los puerros en la olla a presión junto con la mantequilla, y se doran en ella.

2 A continuación, se añade el caldo y la sal. Se cierra la olla y se deja cocer todo durante seis minutos.

3 Mientras tanto, se cortan en dados las rebanadas de pan y se tuestan en el horno. Se abre la olla y se pasan las patatas con el jugo de cocción por el pasapurés, colocándolas a continuación en una cacerola.

4 Se lleva a ebullición y se mantiene a fuego medio; seguidamente, se añade la nata y se mezcla bien.

5 Por último, se distribuye la crema de patatas en platos hondos, se reparten los daditos de pan tostado y se sirve caliente.

Crema de puerros y nueces

👤	4 personas
🕐	30 minutos
👨‍🍳	Fácil
$	Económico
⚖	145 calorías
🍾	Un vino rosado, Empordà

1 manojo de puerros
150 g de cebollas
300 g de patatas
1 l y 1/4 de caldo de pollo, previamente elaborado
1 dl de crema de leche
25 g de mantequilla
25 g de nueces
Aceite
Sal
Pimienta
Perejil

1 Primeramente, se lavan bien los puerros y se cortan en rodajas. Se calienta la mantequilla y el aceite en la olla a presión y se fríe en él la cebolla, previamente pelada y cortada en láminas finas.

2 A continuación, se añaden los puerros y se cuecen a fuego suave procurando que no se doren.

3 Mientras, se pelan las patatas, se lavan y se cortan en rodajas. Se agregan a los demás ingredientes de la olla y se rocían con el caldo. Se salpimenta al gusto.

4 En este momento, se tapa la olla y se deja cocer durante seis minutos, contando desde el momento en el que empieza a silbar la válvula. Durante la cocción, se va rebajando la presión lentamente.

5 Se espera a que salga el vapor y se abre. Se añaden las nueces troceadas y la crema de leche. Se tritura el contenido de la olla con la ayuda de la batidora eléctrica.

6 Por último, se espolvorea la crema con perejil picado y se sirve fría o caliente.

Crema de verduras

👤	4 personas
🕐	40 minutos
👨‍🍳	Fácil
$	Económico
⚖	127 calorías
🍾	Un vino rosado del Penedès

280 g de patatas
200 g de brécol
2 dl de leche
160 g de coliflor
160 g de zanahorias
1 cebolla
1 cubito de caldo
Aceite de oliva
Sal

1 Para empezar, se despuntan, raspan y lavan las zanahorias, y se cortan en rodajas muy finas. Se pela y corta en aritos la cebolla, así como las patatas. Finalmente, se lava el brécol y la coliflor y se escurren bien.

2 Se vierten dos cucharadas de aceite en la olla, se agregan las zanahorias y la cebolla y se rehogan. Se incorpora la coliflor y el brécol, se remueve bien y se añaden, por último, las patatas. Se rehoga todo durante unos dos minutos.

3 Después, se incorpora el cubito de caldo desmenuzado y 1 l de agua. Se cierra la olla y se cuece durante quince minutos a partir del momento en que comienza a hervir.

4 Acabada la cocción, se pasa el potaje por el pasapurés, se añade la leche caliente y se mezcla todo bien.

5 Para finalizar, se vuelve a poner a fuego medio y se remueve hasta obtener una crema homogénea. Se rectifica la sal y se sirve en platos hondos o en tazones individuales, acompañada de trocitos de pan frito.

Crema de zanahorias

👤	4 personas
🕐	20 minutos
👨‍🍳	Fácil
$	Económico
⚖	147 calorías
🍾	Un vino tinto joven, Toro

700 g de zanahorias
1 dl y 1/2 de leche
15 g de harina de arroz
1 tallo de apio
1 cebolla
1 hoja de laurel
1 ramita de perejil
2 clavos
Pimienta
Aceite de oliva
Sal

1 En primer lugar, se limpian las zanahorias, el apio, la cebolla y el perejil. Se clavan los clavos en la cebolla.

2 A continuación, se cortan las zanahorias en trozos y se disponen en la olla a presión junto con 5 dl de agua hirviendo con sal. Se agrega también el perejil, la hoja de laurel, el apio, la cebolla y unos granos de pimienta.

3 En este momento, se cierra la olla y se deja cocer todo, a presión máxima, durante cuatro minutos, contando desde el momento en que comienza a hervir.

4 Una vez finalizada la cocción, se espera a que todo el vapor haya salido de la olla y se abre. Se escurren las zanahorias, se cuela el caldo de cocción y se pone en la batidora, junto con las zanahorias y la harina de arroz disuelta en la leche caliente. Se bate medio minuto a velocidad máxima.

5 Finalmente, se pasa la crema de zanahorias a una cacerola y se deja cocer durante tres minutos.
Se rectifica la sal y se sirve en platos individuales.

Guiso de cebada y acedera

👤	**4 personas**
🕐	**30 minutos**
👨‍🍳	**Fácil**
$	**Económico**
⚖	**230 calorías**
🍾	**Un vino tinto joven, Toro**

220 g de cebada perlada
12 hojas de acedera
2 chalotas
18 dl de caldo
2 cucharadas de pan rallado
2 cucharadas de queso rallado
1 huevo
2 cucharadas de aceite de oliva
Pimienta
Sal

1 En primer lugar, se limpian bien las chalotas y se pican. Se calienta el aceite en la olla y se fríen en él las chalotas

2 Cuando empiecen a dorarse, se añade la cebada, se mezcla bien y se sofríe unos minutos, a fuego vivo. Se riega con el caldo hirviendo, se remueve y se lleva a ebullición.

3 A continuación, se cierra la olla y se deja cocer, a presión máxima, durante veinte minutos, contando desde el momento en que empiece a sonar el silbido.

4 Mientras tanto, se lavan las hojas de acedera y se pican. Se dispone el pan rallado en un cuenco, se añade el huevo, el queso rallado, el picadillo de acedera y una pizca de sal y de pimienta, y se remueve con cuidado. Se forma una pasta.

5 Finalizada la cocción, se deja enfriar lentamente, se espera a que haya salido todo el vapor y se abre la olla. Se ajusta el punto de sal y se añade la mezcla de huevo y pan rallado.

6 Se lleva a ebullición durante un minuto, sin dejar de remover. Se sirve la sopa enseguida, bien caliente.

Guiso de chipirones y calamares

👤	4 personas
🕐	30 minutos
👨‍🍳	Fácil
$	Caro
⚖️	250 calorías
🍾	Un vino tinto joven, Toro

500 g de calamares limpios
200 g de chipirones
250 g de tomate triturado
1 cebolla
2 dientes de ajo
1 ramita de mejorana
1 ramita de hinojo
1 ramita de tomillo
1/2 vaso de vino blanco seco
1 ramita de perejil
2 cucharadas de aceite de oliva
Sal
Pimienta

1 Para empezar, se quitan los tentáculos a los calamares y a los chipirones, y se cortan las bolsas por la mitad. Se pela la cebolla y el ajo y se pican bien finos.

2 A continuación, se lavan las hierbas. Se pican juntos el tomillo, el hinojo y la mejorana, y por separado, el perejil.

3 Se calienta aceite en la olla a presión y se dora en él el picadillo de cebolla y ajo. Luego se añaden las bolsas y los tentáculos y se sigue dorando, sin dejar de remover.

4 Seguidamente, se riega con el vino y se deja que este se evapore durante un minuto. Se agrega el picadillo de tomillo, hinojo y mejorana y se remueve bien.

5 En este momento, se añade el tomate triturado, se salpimenta y se cierra la olla. Se deja cocer, a presión máxima, durante quince minutos, contados desde el momento en que empieza a hervir.

6 Acabada la cocción, se deja enfriar lentamente, se espera a que salga todo el vapor y se abre la olla. Se espolvorea el guiso con el perejil y se vierte en una sopera. Se sirve acompañado con rebanadas de pan tostado.

Potaje

👤	6 personas
🕐	60 minutos
👨‍🍳	Fácil
$	Económico
⚖️	320 calorías
🍾	Un vino tinto joven, Toro

250 g de guisantes congelados
300 g de judías blancas secas
2 cebollas
3 patatas
3 ramas de apio
3 zanahorias
2 tomates
1 kg de verdura verde (repollo, acelgas o espinacas)
1 diente de ajo
Aceite
Pimienta
Sal

1 En primer lugar, se dejan las judías blancas en remojo durante doce horas. A continuación, se escurren y se disponen en la olla a presión junto con las cebollas, las zanahorias, las patatas y el apio (todas las verduras lavadas, peladas y cortadas en trozos).

2 A continuación, se pelan los tomates y se pasan por el pasapurés.

3 Se lava y pica el repollo y se hace lo mismo con la verdura verde.

4 Después, se añaden estos últimos ingredientes a la olla junto con el ajo triturado, la sal, un poco de pimienta y el agua suficiente para cubrir.

5 Se cierra la olla y se deja cocer todo, a presión máxima, durante cuarenta minutos, contados, como siempre, desde el momento en que empiece a sonar el silbido.

6 Mientras, se hierven los guisantes y se reservan.

7 Una vez finalizada la cocción, se espera a que haya salido todo el vapor, dejando que la olla se enfríe lentamente, y luego se abre.

8 Se incorporan los guisantes.

9 Finalmente, y minutos antes de servir, se vierte el potaje en los seis platos individuales y se condimenta con un chorrito de aceite de oliva.

Potaje de farro

👤	4 personas
🕐	40 minutos
👨‍🍳	Fácil
$	Medio
⚖	230 calorías
🍾	Un vino tinto joven del Empordà

1 frasco de garbanzos ya cocidos
100 g de farro
12 almejones
1 tallo de apio
1 zanahoria
1 cebolla
1 diente de ajo
1 hojita de laurel
Unas hojas de mejorana
Aceite de oliva
Pimienta
Sal

1 Para empezar, se lavan bien las verduras y la mejorana. Esta última se pica bien, reservando algunas hojas enteras. Se pela el ajo y se dejan los almejones en agua y sal.

2 A continuación, se ponen las verduras enteras en la olla a presión. Se añade el laurel, el farro y 1 l y 1/4 de agua. Se tapa y se deja cocer todo junto por espacio de treinta minutos, contando desde el momento en que empieza a hervir.

3 Mientras tanto, se lavan los almejones con agua corriente. En una sartén con una cucharada de aceite se dora el ajo y se añaden los almejones, esperando que se abran a fuego vivo.

4 Después, se separan los moluscos de sus valvas. Se cuela el jugo de cocción y se reservan seis cucharadas soperas que se pondrán en la sartén.

5 Cuando este líquido se reduzca a la mitad, se añade una cucharada de aceite, la mejorana bien picada y un poco de pimienta. Se remueve y se guarda en un lugar caliente. Se escurren los garbanzos y se pasan por el pasapurés, exceptuando dos cucharadas que se reservan.

6 Acabada la cocción, se retiran las verduras de la olla y se vierte el puré de garbanzos, los garbanzos enteros que se han reservado aparte, los almejones y el condimento de mejorana.

7 Por último, se rectifica el punto de sal y de pimienta y se añaden las hojas de mejorana. Se sirve caliente.

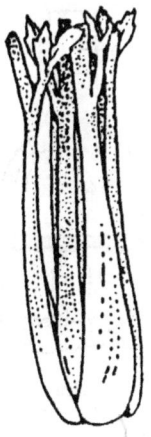

Puré sabroso

👤	6 personas
🕐	40 minutos
👨‍🍳	Fácil
$	Medio
⚖	230 calorías
🍾	Un vino tinto joven del Empordà

2 frascos de alubias rojas
1 l y 1/2 de caldo de carne
2 patatas
Aceite de oliva
400 g de panceta
Achicoria
4 cucharadas de queso parmesano rallado
1 cebolla
1 ajo
Apio
Salvia
Perejil
Vinagre
Pimienta negra recién molida
Sal

1 Se lavan bien las verduras. Se prepara un picadillo con la cebolla, el apio, la salvia y el perejil.

2 Se calienta aceite en la olla y se fríe en él el picadillo. Cuando empiece a dorarse, se añade la panceta cortada en tiras, el contenido de los dos frascos de alubias con su líquido, el caldo de carne y las dos patatas enteras peladas.

3 En este momento, se cierra la olla y se deja cocer todo por espacio de veinte minutos, contados desde el momento en el que comienza a hervir.

4 Mientras tanto, se lavan seis hojas de achicoria. Se escurren y se trocean.

5 Una vez finalizada la cocción, se espera a que todo el vapor de agua haya salido de la olla, y se abre. Se pasan las patatas y la mitad de las alubias por el pasapurés, dejando caer el puré directamente en la olla a presión.

6 A continuación, se deja cocer durante unos minutos, con la olla destapada. Mientras, se condimenta la achicoria con aceite de oliva, vinagre, sal y pimienta, y se reparte en seis platos soperos.

7 Se retira el puré del fuego, y se le añaden cuatro cucharadas de queso parmesano rallado y abundante pimienta negra recién molida.

8 Por último, se vierte el puré sobre la achicoria y, como toque final, se aliña con un chorro de aceite de oliva. Se sirve caliente.

1 En primer lugar, se lavan las mollejas y se cuecen durante unos seis minutos en una cazuela con un poco de agua y el vino.

2 A continuación, se escurren y se cortan en tiras. Se lava y se pica finamente el puerro.

3 Se calienta aceite en la olla y se incorpora el puerro. Se añaden las mollejas, las lentejas y el arroz, y se rehoga todo durante unos instantes, sin dejar de remover.

4 Seguidamente, se añade el caldo hirviendo y se cierra la olla. Se deja cocer durante diez minutos, contados a partir del momento en que comienza a hervir.

5 Finalizada la cocción, se abre la olla una vez que ha salido el vapor. Se limpia y se pica el perejil, y se incorpora al cocido. Por último, se sazona y se vierte en la sopera en la que se va a servir.

Sopa de arroz y lentejas

👤	4 personas
🕐	30 minutos
👨‍🍳	Fácil
$	Medio
⚖	350 calorías
🍾	Un vino rosado, Empordà

1 l de caldo
150 g de arroz
120 g de mollejas
100 g de lentejas
1 puerro
1 vaso de vino blanco seco
1 ramita de perejil
3 cucharadas de aceite de oliva
Sal

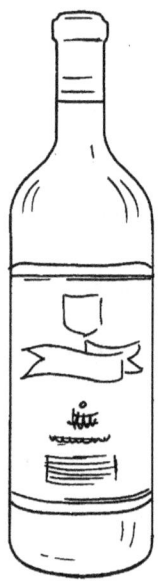

Sopa de cebada

👤	6 personas
🕐	30 minutos
👨‍🍳	Fácil
$	Medio
⚖️	110 calorías
🍾	Un vino tinto, Ribera del Duero

17 dl de caldo vegetal
200 g de judías verdes
150 g de tomates
1 calabacín de 150 g
120 g de cebada perlada
70 g de cebolletas
2 cucharadas de queso rallado
30 g de mantequilla
3 cucharadas de aceite de oliva
Sal

1 Para empezar, se limpia y se pica la cebolleta. A continuación, se sofríe en el aceite previamente calentado en la olla.

2 Se añade la cebada, se dora a fuego vivo y se vierte el caldo caliente. Se remueve bien y se sala. Se cierra la olla y se deja cocer todo durante diez minutos, contando a partir del momento en que comienza a hervir.

3 Mientras tanto, se pela el calabacín y se corta en taquitos. Se parten por la mitad los tomates, se les quitan las semillas y se corta la pulpa en daditos.

4 Al finalizar la cocción, se abre la olla una vez que ha salido todo el vapor. Se añade el calabacín y las judías y se vuelve a cerrar. Se deja cocer otros siete minutos, esta vez a presión mínima.

5 Transcurrido este tiempo, se retira la olla del fuego y se enfría rápidamente. Se añade la mantequilla y el queso rallado y se remueve.

6 Por último, se disponen los daditos de tomate en platos individuales y se vierte por encima la sopa de cebada. Se sirve caliente.

Sopa de cebollas

👤	6 personas
🕐	20 minutos
👨‍🍳	Fácil
$	Económico
⚖️	110 calorías
🍾	Un vino rosado, Empordà

500 g de cebollas
1 cucharada de harina
1 l y 1/4 de caldo
6 rebanadas de pan casero
60 g de mantequilla
Queso rallado gruyère

1 En primer lugar, se pelan las cebollas, se lavan y se cortan en aros.

2 A continuación, se rehogan en la olla junto con la mantequilla.

3 Se añade la harina y el caldo. Se cierra la olla y se deja cocer durante diez minutos, contados a partir del momento en que suena el silbido.

4 Mientras tanto, se tuestan las rebanadas de pan casero y se colocan sobre el fondo de seis pequeños recipientes refractarios al calor.

5 Terminada la cocción, se espolvorean las rebanadas de pan con el queso y se vierte encima la sopa.

6 Por último, se gratina unos minutos y se sirve.

Sopa de chipirones y lenguado

👤	4 personas
🕐	30 minutos
👨‍🍳	Fácil
$	Medio
⚖	120 calorías
🍾	Un vino blanco seco, Rueda

350 g de chipirones limpios
300 g de filetes de lenguado
250 g de tomate triturado
1 cebolla
1 ramita de perejil
1/2 vaso de vino blanco seco
Vinagre de vino blanco
Aceite de oliva
Pimienta
Sal

1 En primer lugar, se cortan los chipirones en tiras, reservando enteros los tentáculos. Se trocean los filetes de lenguado.

2 A continuación, se limpia y se pica la cebolla, y se dora en la olla con tres cucharadas de aceite. Se agregan los chipirones y se rehogan durante unos minutos, removiendo.

3 Se rocía con el vino y, en cuanto este se haya evaporado, se añaden tres cucharadas de vinagre, el tomate triturado y un cacito de agua hirviendo. Se salpimenta al gusto, se remueve bien y se cierra la olla. Se deja cocer todo durante quince minutos, contados desde el momento en que comienza a hervir.

4 Terminada la cocción, se abre la olla, se añade el lenguado y se remueve con cuidado. Se deja cocer durante cinco minutos más, con la olla destapada.

5 Por último, se limpia y se pica finamente el perejil, y se espolvorea sobre la sopa. Se retira del fuego y se pone en una sopera. Se sirve muy caliente, acompañada con tostadas de pan.

Sopa de farro a la antigua

👤	6 personas
🕐	40 minutos
👨‍🍳	Fácil
$	Medio
⚖	140 calorías
🍾	Un vino rosado, Cigales

13 dl de caldo
350 g de patatas
250 g de farro perlado
250 g de carne de buey
150 g de beicon en lonchas
1 cebolla
1 zanahoria
1 tallo de apio
1 ramita de perejil
4 cucharadas de aceite de oliva
Pimienta
Sal

Cremas y sopas

1 Se trocean las lonchas de beicon. Se lavan y se pelan las patatas, y se cortan en taquitos. Se lava el apio, la zanahoria, la cebolla y el perejil. Se pican juntas las verduras con la mitad del perejil.

2 A continuación, se corta en filetes finos la carne de buey.

3 Se rehoga el picadillo con el aceite en la olla, se añade el beicon y la carne y se rehoga todo a fuego vivo.

4 En este momento, se añade el caldo caliente, el farro y las patatas, se salpimenta, se cierra la olla y se deja que cueza durante treinta minutos, contados desde el momento en que comienza a hervir.

5 Transcurrido este tiempo, se pica el perejil restante. Se abre la olla, se añade el picadillo de perejil, se remueve bien y se vierte todo en una sopera grande. Se sirve bien caliente.

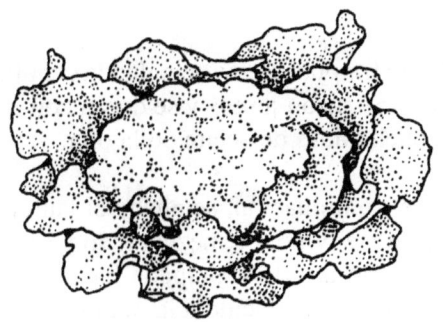

Sopa del huerto

👤	6 personas
🕐	40 minutos
👒	Fácil
$	Económico
⚖	140 calorías
🍶	Un vino tinto ligero, Toro

450 g de menestra de verduras congeladas
180 g de arroz
1 cebolla
40 g de queso rallado
2 cubitos de caldo de carne
1 diente de ajo
6 hojas de albahaca
1 ramita de perejil
20 g de mantequilla
2 cucharadas de aceite de oliva
Sal

1 Se pela, se pica y a continuación se fríe la cebolla en el aceite previamente calentado en la olla.

2 Seguidamente, se incorporan las verduras congeladas, se remueve bien y se añaden los cubitos de caldo desmenuzados y 1,5 l de agua.

3 Se cierra la olla y se deja cocer todo durante veinte minutos, contando desde el momento en que comienza a hervir.

4 Mientras, se limpia y se pica el perejil con la albahaca y el ajo pelado.

5 Una vez finalizada la cocción, se espera a que haya salido todo el vapor de la olla y se abre. Se incorpora el arroz, se vuelve a tapar y se prosigue la cocción otros cinco minutos.

6 Transcurrido este tiempo, se añade la mantequilla en trozos y el queso rallado. Se sazona y se remueve.

7 Por último, se vierte la sopa en una sopera, se distribuye por encima el picadillo de hierbas y se sirve caliente.

Sopa de patatas y apio

👤	**4 personas**
🕐	**30 minutos**
👨‍🍳	**Fácil**
$	**Económico**
⚖	**140 calorías**
🍾	**Un vino tinto joven, Rioja**

350 g de patatas
80 g de beicon
1 puerro
250 g de tallos de apio
8 dl de caldo
Aceite de oliva
Sal

1 Se comienza lavando bien el puerro y los tallos de apio. Se pelan las patatas, se lavan y se cortan en daditos. Se pica el puerro y se corta el beicon en tiritas.

2 Se calientan cuatro cucharadas de aceite de oliva en la olla a presión. Se añaden el puerro y el beicon picados y se doran en el aceite. Se agregan los daditos de patatas y de apio y se rehogan.

3 A continuación, se vierte el caldo, se cierra la olla y se deja cocer durante veinte minutos.

4 Finalizada la cocción, se espera a que todo el vapor salga de la olla y se abre. Se regula el punto de sal y de pimienta. Se remueve bien y se sirve caliente.

Sopa de pescado en papillote

👤	**4 personas**
🕐	**40 minutos**
👨‍🍳	**Difícil**
$	**Caro**
⚖	**120 calorías**
🍾	**Un vino blanco seco, Albariño**

1/2 kg de pescado y marisco variados para sopa, limpios
100 g de tomate triturado
1/2 vasito de vino blanco seco
1 cebolla
1 hoja de laurel
1 diente de ajo
1 clara de huevo
Aceite de oliva
Pimienta
Sal

1 Se limpian bien y se pelan la cebolla y el ajo. Se pican juntos y se doran con cuatro cucharadas de aceite en la olla.

2 A continuación, se añade el laurel, el tomate y el vino. Se mezcla todo y se deja cocer con la olla destapada hasta que la salsa se haya reducido a la mitad.

3 Mientras tanto, se lava, se escurre y se corta el pescado y el marisco para la sopa. Se precalienta el horno a 220 C.

4 Se añaden 2 l de agua en la olla a presión y los pescados o mariscos que requieran una cocción más prolongada. Se cierra la olla y se cuece durante cinco minutos. Transcurrido este tiempo, se abre la olla, se añaden los pescados y mariscos restantes, se salpimenta y se vuelve a cerrar. Se cuece otros cinco minutos.

5 Seguidamente, se cubre una placa de horno con un papel parafinado y se colocan encima pescados y mariscos con un tercio de la salsa de cocción. Se pintan los bordes del papel con la clara de huevo y se cierra superponiendo una segunda hoja de papel. Se hornea diez minutos.

6 Por último, se calienta la salsa de cocción restante en un cazo. Se retira la papillote del horno, se abre y se sirve acompañada con la salsa.

Sopa de pollo y mijo

👤	4 personas
🕐	40 minutos
🎩	Fácil
$	Económico
⚖	204 calorías
🍾	Un vino tinto joven, de Navarra

200 g de patatas
150 g de zanahorias
150 g de acelgas
100 g de puerros
130 g de mijo
100 g de pechuga de pollo
1 cebolla
14 dl de caldo
4 cucharadas de aceite de oliva
Sal y pimienta

1 Se limpian las verduras. Se pica la cebolla y se cortan en daditos las demás verduras.

2 Se calienta aceite en la olla y se rehoga en él el picadillo de cebolla. Se añaden las verduras, se remueve y se deja que cuezan unos minutos.

3 En este momento, se añade el caldo caliente, se cierra la olla y se deja cocer todo durante doce minutos, contados desde el momento en que comienza a silbar la válvula.

4 Mientras tanto, se corta el pollo en dados pequeños.

5 Una vez finalizada la cocción, se espera a que el vapor haya salido de la olla y se abre. Se añade el pollo y el mijo, se cierra y se deja cocer unos doce minutos.

6 Por último, se abre la olla de nuevo, se ajusta el punto de sal y de pimienta, se vierte la sopa en una sopera y se sirve enseguida.

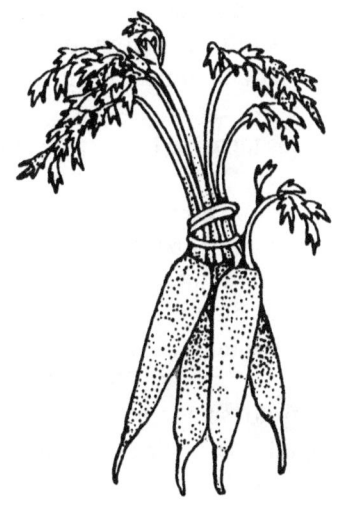

Entrantes

Sopa de puerro, patatas y cebada

👤	6 personas
🕐	30 minutos
👨‍🍳	Fácil
$	Económico
⚖️	120 calorías
🍾	Un vino rosado, de Navarra

450 g de patatas harinosas
1 puerro
4 cucharadas de cebada perlada
2 cubitos de caldo
1 ramita de perejil
2 cucharadas de queso rallado
Nuez moscada
30 g de mantequilla
Sal

1 Se limpia el puerro y se pica bien fino. Se pelan las patatas, se lavan y se cortan en daditos.

2 Se pone en la olla a presión el picadillo de puerro, las patatas, la cebada y los cubitos de caldo desmenuzados, y se añaden 2 l de agua. Se cierra la olla y se deja cocer veinte minutos, contados desde el momento en que comienza a hervir.

3 Mientras tanto, se lava y pica el perejil.

4 Una vez que ha finalizado la cocción, se añade a la olla el perejil picado, el queso rallado y la mantequilla en trozos. Se remueve todo bien y se deja que se haga durante unos minutos más.

5 Por último, se agrega una ralladura de nuez moscada, se sazona, se remueve bien y se sirve caliente.

Sopa de repollo al gratén

👤	6 personas
🕐	30 minutos
👨‍🍳	Fácil
$	Medio
⚖️	120 calorías
🍾	Un vino tinto, Ribera del Duero

1 repollo pequeño
4 patatas
3 zanahorias
150 g de tocino o panceta
75 g de queso rallado
1 l y 1/2 de agua
12 rebanadas finas de pan duro
Aceite de oliva
Pimienta
Sal

1 Primeramente, se calientan dos cucharadas de aceite en la olla y se fríe el tocino cortado en tiras finas.

2 Cuando empiece a dorarse, se añade el repollo, las patatas (peladas y troceadas) y las zanahorias, picadas muy finas. Se salpimenta y se agrega el agua.

3 Seguidamente, se cierra la olla y se deja cocer todo durante quince minutos. Luego se espera a que todo el vapor haya salido de la olla y se abre. Se escurren las verduras y se reservan.

4 A continuación, se colocan las rebanadas de pan duro en una fuente honda de horno y se ponen encima las verduras.

5 Por último, se espolvorea con el queso rallado y se introduce en el horno para que se gratine. Se sirve.

Sopa rústica con carne

👤	6 personas
🕐	40 minutos
👩‍🍳	Fácil
$	Medio
⚖️	125 calorías
🍾	Un vino tinto, Ribera del Duero

600 g de patatas
400 g de espalda de cerdo
1 loncha de jamón serrano de 150 g
1 tallo de apio
1 zanahoria
1 cebolla
130 g de cebada perlada
1 ramita de perejil
Aceite de oliva
Sal y pimienta

1 Se lavan el apio y la zanahoria, y se pela la cebolla. Se pica todo junto. Se cortan el jamón y la carne en daditos.

2 A continuación, se calientan dos cucharadas de aceite en la olla, se incorporan las verduras picadas, los dados de carne y los de jamón, y se rehoga todo.

3 Después, se agregan 2 l de agua, se rectifica la sal, se espolvorea con pimienta molida y se cierra la olla. Se deja cocer todo durante quince minutos.

4 Se abre, se incorpora la cebada y se prosigue la cocción ocho minutos más.

5 Mientras, se pelan las patatas y se cortan en rodajas. Se incorporan a la olla, se cierra y se prosigue la cocción otros ocho minutos. Por último, se abre y se añade un chorrito de aceite y perejil picado.

Sopa de verduras con sémola

👤	4 personas
🕐	30 minutos
👩‍🍳	Fácil
$	Económico
⚖️	120 calorías
🍾	Un vino tinto, Ribera del Duero

450 g de menestra de verduras, congelada
1/2 cebolla
1 loncha de beicon de unos 40 g
2 cucharadas de sémola
1 diente de ajo
1 cubito de caldo
Queso rallado
1 cucharada de concentrado de tomate
Aceite de oliva
Pimienta en grano
Sal

1 Para empezar, se pela la cebolla y el ajo y se pican bien finos. Se corta el beicon en daditos.

2 Después, se calientan en la olla a presión unas cucharadas de aceite, se agrega el picadillo de cebolla y ajo y el beicon y se fríe todo durante unos minutos.

3 Luego se añaden las verduras y se rehogan hasta que se descongelen. Se agrega el concentrado de tomate, 1 l y 1/2 de agua hirviendo y el cubito de caldo.

4 En este momento, se cierra la olla y se cuece todo durante diez minutos, a partir del momento en que comienza a hervir.

5 Finalizada la cocción, se espera a que el vapor haya salido de la olla y se abre. Se añade la sémola y se remueve bien con una cuchara de madera. Se deja cocer diez minutos más con la olla destapada.

6 Por último, se sazona y se vierte en la sopera. Se espolvorea con unas cucharadas de queso rallado y con pimienta recién molida y se sirve caliente.

Sopa de verduras y tocino

👤	8 personas
🕐	40 minutos
👨‍🍳	Difícil
$	Medio
⚖	120 calorías
🍾	Un vino tinto, del Bierzo

500 g de carne de cerdo en dados
400 g de patatas
400 g de zanahorias
350 g de col
200 g de tocino entreverado
2 cebollas
150 g de guisantes congelados
Un tallo de apio
250 g de alubias cocidas
150 g de coliflor
150 g de calabacines
1 diente de ajo
6 cucharadas de aceite de oliva
2 hojas de laurel
Pimienta
Sal

1 En primer lugar, se lavan las zanahorias y el apio, y se cortan en daditos. Por otra parte, se limpian las cebollas, se pelan y se pican junto con el tocino. Se sofríe este picadillo con dos cucharadas de aceite de oliva y el laurel en la olla.

2 A continuación, se añaden los daditos de carne y se fríen unos minutos. Se agregan las zanahorias, el apio y 2 l y 1/2 de agua.

3 Se cierra la olla y se cuece todo durante cinco minutos, contados desde el momento en que empieza a silbar.

4 Mientras tanto, se pelan y se lavan las patatas, los calabacines, la coliflor y la col. Se trocea la coliflor. Se cortan las patatas y los calabacines en dados, y la col en tiras.

5 Cuando halla transcurrido el tiempo de cocción, se espera a que todo el vapor haya salido, y se abre la olla. Se incorporan las verduras y los guisantes a la sopa, se sala al gusto y se cierra de nuevo la olla. Se calculan otros veinte minutos de cocción, contados desde el momento en que comienza a hervir.

6 Transcurrido este tiempo, se incorporan las alubias y se cuecen, con la olla destapada, durante cinco minutos.

7 Mientras tanto, se pela el ajo, se machaca ligeramente y se rehoga con el resto del aceite.

8 Por último, se vierte la sopa en una sopera y se condimenta con el aceite y una pizca de pimienta molida. Se sirve caliente.

Primeros platos

Pasta, arroz y patatas

Verduras y legumbres

Pasta, arroz y patatas

La olla a presión supone también una gran ayuda en la preparación de pastas, arroces y tubérculos, en general.

De todos es sabido que el arroz es un producto muy delicado, y que en su cocción requiere una temperatura uniforme. En la cocina tradicional esto es difícil de conseguir, y muchas veces el arroz se quiebra y pierde su consistencia; sin embargo, esto se puede evitar cocinándolo en la olla a presión.

Los platos a base de arroces o pastas resultan mucho más jugosos con este sistema de cocción. Deben hervirse con abundante agua salada y, dado que durante su ebullición se produce espuma, sólo puede llenarse la olla hasta la mitad (en vez de las 2/3 partes, como en otras cocciones).

La cocción recomendada es a presión mínima, aunque también se puede cocinar con presión máxima, siempre que se disminuya en un minuto o más el tiempo de cocción.

Antes de introducir la pasta o el arroz en la olla, el agua debe estar hirviendo y, además de la sal, se añadirá una cucharada de aceite para evitar que se peguen al fondo.

Al introducir la pasta o el arroz en el agua hirviendo se debe remover hasta que vuelva a iniciarse la ebullición. Una vez cocido, hay que enfriar rápidamente la olla y, en caso de que no estuviera todavía en su punto, se dejará reposar un minuto antes de escurrir. Seguidamente, se cortará la cocción con agua fría.

Las patatas y demás tubérculos constituyen un alimento básico e indispensable en la cocina diaria. Contienen entre un 15 y un 21% de fécula, además de vitaminas, calcio, fósforo, etc. Es importante, por tanto, poder cocerlas y prepararlas de manera que conserven en grado máximo todas sus propiedades. La olla a presión constituye un buen aliado en este sentido.

En ella, las patatas cuecen en abundante agua salada, pero en poco tiempo, y a presión mínima; favoreciendo, de esta manera, la salida mínima de féculas y vitaminas a través del vapor de agua.

Albóndigas de patatas y espinacas

👤	6 personas
🕐	30 minutos
👨‍🍳	Fácil
$	Económico
⚖	315 calorías
🍷	Un vino rosado, de Navarra

500 g de espinacas congeladas
350 g de patatas
1/2 cebolla pelada
2 cucharadas de queso rallado
Harina
1 huevo
Pan rallado
50 g de mantequilla
4 cucharadas de aceite de oliva
Pimienta
Sal

1 Se lavan las patatas, se mondan y se disponen en la olla a presión con un vaso de agua con sal. Se cierra la olla y se deja cocer, a presión máxima, durante diez minutos, contando desde el momento en que empiece a hervir.

2 Mientras, se descongelan las espinacas siguiendo las instrucciones del envase, y se escurren. Se pela y pica la cebolla.

3 Se calienta mantequilla en una sartén y se rehoga en ella la cebolla. Se añaden las espinacas picadas, se saltean y se retiran del fuego.

4 Una vez finalizada la cocción en la olla, se procede a enfriarla rápidamente, colocando la válvula en posición de desvaporización. Se abre y se escurren las patatas, se aplastan con un tenedor y se disponen en un bol.

5 A continuación, se añaden las espinacas, el queso rallado, el huevo, un pellizco de sal y otro de pimienta, y se remueve todo bien.

6 Se forman unas albóndigas con la mezcla, se aplastan y se pasan primero por harina y después, por el pan rallado. Se fríen en abundante aceite de oliva, bien caliente.

7 Por último, se escurren sobre papel de cocina y se sirven.

Arroz de carnes

👤	4 personas
🕐	40 minutos
👨‍🍳	Fácil
$	Medio
⚖	270 calorías
🍷	Un tinto, Ribera del Duero

350 g de arroz
1/2 pollo, troceado
4 salchichas
1 cebolla pequeña
300 g de tomates maduros
12 cl y 1/2 de aceite
1 diente de ajo
Perejil
4 hebras de azafrán
150 g de guisantes desgranados
Sal

1 Para empezar, se trocean las salchichas y se sazona el pollo. Se calienta el aceite en la olla a presión y se fríen en él

Primeros platos

los trozos de salchicha y el pollo. Una vez dorados, se reservan procurando que se mantengan calientes.

2 A continuación, se pela la cebolla, se pica fina y se dora en la misma grasa. En este momento, se añaden los tomates rallados y, cuando empiece a reducirse, se agrega el ajo machacado, el perejil y el azafrán.

3 Se deja cocer todo junto durante unos minutos, con la olla destapada.

4 Después, se añade al sofrito el arroz y los guisantes y se deja rehogar.

5 Se calienta 1/2 l de agua y se vierte en la olla sobre el arroz. Se remueve y se espera a que vuelva a hervir.

6 Seguidamente, se tapa la olla y se cuece, a presión mínima, durante ocho minutos, contados desde el momento en el que empiece a oírse el silbido de la válvula.

7 Transcurrido el tiempo de la cocción, se enfría rápidamente, se abre, se remueve el arroz y se vuelve a tapar.

8 Se mantiene así fuera del fuego durante aproximadamente tres minutos.

9 Por último, se vierte el contenido de la olla en una fuente o cazuela de barro y se sirve caliente, recién preparado.

Arroz al Cointreau con espárragos

👤	6 personas
🕐	30 minutos
👨‍🍳	Fácil
$	Económico
⚖	280 calorías
🍾	Un vino rosado, Marfil de Alella

420 g de arroz superfino
1 cebolla
100 g de espárragos
1 loncha de unos 50 g de panceta
1 ramita de perejil
1/2 vaso de Cointreau
1 l de caldo
20 g de mantequilla
1 cucharada de aceite de oliva
Queso rallado
Sal

1 Se quitan las partes duras de los espárragos y la parte leñosa de los tallos. Se lavan bien y se atan en forma de manojo con hilo de cocina.

2 A continuación, se colocan de pie en la olla a presión, junto con dos dedos de agua con sal. Se cierra la olla, y se cuecen, a fuego lento, durante dos minutos, contados desde el momento en que comienza a hervir.

3 Una vez transcurrido el tiempo de cocción, se deja salir el vapor y se abre la olla. Se escurren los espárragos y se desatan. Se reservan las puntas y se corta el resto en rodajas.

4 Mientras tanto, se pela la cebolla, se pica junto con la panceta y se dora todo en una cacerola con aceite y mantequilla.

5 Se añade el arroz y se tuesta a fuego vivo. En este momento, se riega con el licor de Cointreau y se deja evaporar. Seguidamente, se incorporan a la cacerola las rodajas de espárragos, se baja la llama y se cuece el arroz, agregando, poco a poco, el caldo hirviendo.

6 Mientras se hace el arroz, se lava y se pica el perejil. Se retira el arroz del fuego, se añaden las puntas de espárrago y se ajusta el punto de sal.

7 Por último, se vierte en una fuente, se espolvorea con el picadillo de perejil y se sirve caliente. El queso rallado se ofrece aparte.

Arroz combinado

👤	**6 personas**
🕐	**30 minutos**
🍲	**Fácil**
$	**Económico**
⚖	**325 calorías**
🍾	**Un vino rosado, Marfil de Alella**

150 g de arroz
150 g de alubias blancas
150 g de habas tiernas
1 patata
1 manojo de ajos tiernos
1/2 coliflor
1 cucharada de pimentón
Azafrán
Aceite
Sal

1 Se preparan las verduras: se pelan, se lavan y se pican. Seguidamente, se disponen en la olla las alubias, la patata, la coliflor troceada y las habas desgranadas.

2 A continuación, se cubre con agua con un poco de sal y se lleva a ebullición. Una vez hervidas, se retiran de la olla y se escurren bien.

3 Se elimina el agua de la ebullición y se calientan en la olla tres cucharadas de aceite, en el que se freirán los ajos.

4 Posteriormente, se añaden las verduras y se tapa la olla. Se cuece todo junto, a presión máxima, durante diez minutos, contados desde el momento en que se empiece a oír el silbido de la válvula.

5 Mientras tanto, se hierve el arroz en agua ligeramente salada durante unos veinte minutos, a fuego moderado.

6 Acabada la cocción en la olla, se espera a que todo el vapor haya salido, y se abre. Se escurren las verduras y se colocan sobre el arroz. Se mezcla todo bien y se sirve caliente.

Primeros platos

Arroz con lenguado al cava

👤	4 personas
🕐	40 minutos
👨‍🍳	Fácil
$	Económica
⚖️	310 calorías
🍾	Un vino espumoso, cava brut

280 g de arroz
2 lenguados de unos 225 g cada uno, en filetes
1 zanahoria
1/2 cebolla
1 tallo de apio
1 ramita de perejil
1 chalota
1 vaso de cava brut
2 cucharadas de aceite de oliva
Sal

1 En primer lugar, se lavan bien las verduras y el perejil. Se lavan también los filetes de lenguado y se escurren.

2 A continuación, se disponen las espinas y las cabezas de los lenguados en la olla a presión, junto con la cebolla, el apio, la zanahoria y el agua suficiente para cubrirlo todo.

3 Se agrega la sal y se cierra la olla, dejando que cueza durante diez minutos.

4 Mientras tanto, se pica la chalota y se cortan en trocitos los filetes de lenguado y se sofríen en una cazuela con aceite.

5 Transcurrido el tiempo de la cocción, se espera a que todo el vapor de agua haya salido de la olla, y se abre. Se pone el arroz en la cazuela y se dora, sin dejar de remover. Se riega con cava y se deja que este se evapore. Seguidamente se cuece el arroz, removiendo y añadiendo de vez en cuando un poco de caldo de pescado, a medida que el líquido vaya siendo absorbido.

6 Mientras, se pica fino el perejil, se espolvorea con él el arroz, y se mezcla bien. Se deja reposar unos minutos, se vierte en una fuente y se sirve.

Arroz con manzana

👤	6 personas
🕐	30 minutos
👨‍🍳	Fácil
$	Económico
⚖️	300 calorías
🍾	Un vino rosado, de Navarra

350 g de arroz superfino
1/2 cebolla
3 cucharadas de aceite
1 manzana
1 pizca de tomillo
1 vasito de vino blanco
3/4 l de caldo
30 g de mantequilla
Unas bayas de enebro
Queso parmesano rallado
Sal

1 En primer lugar, se pela la cebolla y se pica. Se pela también la manzana y se trocea.

2 Se rehoga en la olla la cebolla picada junto con tres cucharadas de aceite. Se añade la manzana troceada, unas bayas de enebro y una pizca de tomillo.

3 A continuación, se tuesta el arroz, se riega con el vino y, cuando este se haya consumido, se vierte el caldo hirviendo.

4 Seguidamente, se cuece, a fuego lento, durante siete minutos.

5 Una vez finalizada la cocción, se deja que salga el vapor, se abre la olla y se añade la mantequilla y el queso parmesano rallado. Se sirve al instante.

Arroz con marisco y frambuesas

👤	4 personas
⏲	20 minutos
👨‍🍳	Fácil
$	Económico
⚖	280 calorías
🍾	Un blanco, Condado de Huelva

240 g de arroz
100 g de mejillones
120 g de sepias
80 g de gambas peladas
50 g de champiñones
30 g de frambuesas
1/2 cebolla
1/2 vaso de vino blanco
7 dl y 1/2 de caldo
1 ramita de perejil
2 cucharadas de aceite de oliva
Sal

1 Se pela la cebolla y se pica finamente; se sofríe en la olla junto con el aceite.

Pasta, arroz y patatas

2 A continuación, se añaden las sepias cortadas en tiras y se riega todo con la mitad del vino. Se deja cocer durante tres minutos.

3 Mientras tanto, se separan los mejillones de las valvas, y se limpian los champiñones y se cortan en laminillas.

4 Se incorporan los champiñones a la olla, junto con las gambas y los mejillones, y se deja cocer todo junto otros tres minutos.

5 Transcurrido este tiempo, se sazona, se añade el arroz, se remueve bien y se riega con el vino restante dejando que se evapore.

6 Se agrega el caldo hirviendo, se remueve y se cierra la olla.

7 Se deja cocer todo durante ocho minutos desde el momento en que comienza a hervir.

8 Se lavan las frambuesas, y se pica bien fino el perejil.

9 Una vez que ha finalizado la cocción, se espera a que salga todo el vapor de la olla y se abre.

10 Se añaden las frambuesas y el perejil, se rectifica la sal, se remueve y se vierte en una fuente.

11 Se sirve caliente o frío.

Arroz y pollo con guisantes

👤	4 personas
🕐	40 minutos
👨‍🍳	Fácil
$	Económico
⚖	300 calorías
🍾	Un vino blanco seco, Rueda

4 muslos de pollo de 200 g cada uno
350 g de arroz
200 g de guisantes desgranados
1/2 cebolla
30 g de queso rallado
7 dl de caldo
1 dl de vino blanco seco
70 g de mantequilla
Sal

1 Primeramente se pela la cebolla, se pica y se rehoga en 40 g de mantequilla durante dos minutos en la olla.

2 A continuación, se disponen los muslos de pollo sobre la cebolla, se cierra la olla y se deja que se hagan durante veinte minutos, contando desde el momento en que se comienza a oír el silbido de la válvula.

3 Una vez terminada la cocción, se abre la olla (después de haber esperado a que salga todo el vapor). Se salan los muslos de pollo, se escurren bien y se reservan, preferentemente en un lugar caliente. Se retira de la olla parte de la grasa de cocción, se añade el arroz y se remueve para que no se pegue.

4 Se riega con el vino, sin dejar de remover, y se espera a que este se evapore; se añaden los guisantes y el caldo, y se continúa removiendo.

5 Seguidamente, se cierra la olla y se deja cocer durante ocho minutos más.

6 Transcurrido este tiempo, se abre de nuevo y se agrega la mantequilla restante y el queso rallado. Se rectifica el punto de sal de acuerdo con el gusto de los comensales y se deja reposar el arroz un par de minutos.

7 Por último, se vierte en una fuente y se colocan encima los muslos de pollo. Se sirven al momento.

Arroz rústico al vino tinto

👤	6 personas
🕐	15 minutos
👨‍🍳	Fácil
$	Económico
⚖	310 calorías
🍾	Un tinto, Ribera del Duero

400 g de arroz de grano largo
100 g de beicon
400 g de alubias rojas cocidas
1 cebolla
Aceite de oliva
Queso rallado
1 l de caldo
1 vaso de vino tinto
Sal
Pimienta

1 Se pela la cebolla y se pica finamente; se rehoga en la olla junto con dos cucharadas de aceite de oliva.

2 A continuación, se añade el beicon cortado en tiras y se sofríe.

3 Seguidamente, se añade el arroz y se fríe durante un par de minutos. Se baña con el vino tinto y se deja que este se evapore por completo.

4 En este momento se incorporan las alubias y se salpimenta al gusto. Se remueve todo bien y se baña con una taza de caldo caliente. Se cierra la olla y se calculan cinco minutos de cocción a partir del momento en que comience a hervir.

5 Transcurrido este tiempo, se retira la olla del fuego, se espera a que salga todo el vapor y se abre. Se añade un chorro de aceite de oliva y dos cucharadas de queso rallado.

6 Se remueve todo bien, se tapa la olla de nuevo y se deja reposar durante un par de minutos: el arroz ya está listo para ser servido.

Arroz sabroso

👤	4 personas
🕐	40 minutos
👨‍🍳	Difícil
$	Caro
⚖️	270 calorías
🍾	Un vino tinto joven, Rioja

300 g de arroz
80 g de queso rallado
2 cebollas
1 zanahoria
9 dl de caldo de carne
1 dl de vino blanco seco
300 g de tomates pelados
1 tallo de apio
250 g de carne de ternera picada
150 g de panceta en lonchas
1 huevo
Perejil picado
40 g de mantequilla
4 cucharadas de aceite de oliva
Sal
Pimienta

1 En primer lugar, se mezcla en un bol la carne picada con el huevo, dos cucharadas de perejil picado, sal y pimienta. Se forma con las manos una especie de salchicha.

2 Luego se coloca esta sobre las lonchas de panceta que habremos dispuesto previamente sobre la tabla; se envuelve la carne con la panceta y se ata con hilo de cocina, formando un rollo.

3 A continuación, se limpian las verduras y se pica una cebolla con el apio y la zanahoria. Se calientan tres cucharadas de aceite de oliva en la olla y se coloca el rollo en ella. Se dora por ambos lados.

Primeros platos

4 Seguidamente, se añade el picadillo de verduras, un vaso de agua y los tomates pelados y troceados. Se sazona, se cierra la olla y se deja que cueza, a presión máxima, por espacio de unos quince minutos aproximadamente, contando a partir del momento en que se escucha el silbido de la válvula.

5 Mientras tanto, se limpia y se pica el resto de la cebolla, y se rehoga en una cacerola con el resto del aceite y la mitad de la mantequilla.

6 Se añade el arroz, se tuesta y se riega con el vino, que se dejará evaporar durante unos minutos.

7 Se vierte parte del caldo caliente y se cuece el arroz, sin dejar de remover. Luego se va añadiendo, poco a poco, el resto del caldo.

8 A continuación, se retira la cazuela del fuego, y se incorpora el resto de la mantequilla, el queso rallado y una pizca de pimienta.

9 Una vez finalizada la cocción en la olla a presión, se enfría rápidamente. Se abre y se escurre el rollo. Se desata y se corta en rodajas.

10 Por último, se vierte el arroz en una fuente y se disponen las rodajas de carne por encima.

11 Se rodea con la salsa y se sirve inmediatamente.

Arroz con tuétano

👤	6 personas
🕐	20 minutos
👨‍🍳	Fácil
$	Económico
⚖	310 calorías
🍾	Un vino tinto ligero, de Navarra

400 g de arroz
2 huesos de buey con el tuétano
300 g de tomates
80 g de queso de bola seco en escamas
1 cebolla
1 vasito de vino tinto
1 l de caldo
Aceite de oliva
Sal

1 Se ponen los huesos en agua hirviendo y se cuecen durante ocho minutos. Mientras, se pela la cebolla, se pica y se sofríe en dos cucharadas de aceite en la olla a presión.

2 Seguidamente, se añade el arroz y se tuesta, sin dejar de remover. Se rocía con el vino tinto y se prosigue la cocción, removiendo, hasta que se haya evaporado.

3 Se incorpora el caldo hirviendo, se sazona, se cierra la olla y se cuece durante seis minutos, contando desde el momento en que comienza a hervir.

4 Mientras se cuece el arroz, se escurren los huesos, se saca de ellos el tuétano y se corta en trocitos. Se escaldan los tomates en agua hirviendo y se pelan. Se parten por la mitad, se les quitan las semillas y se cortan en daditos.

5 Transcurrido el tiempo de cocción, se abre la olla y se agrega al arroz el tuétano y los tomates. Se mezcla y se rectifica la sal.

6 Finalmente, sólo queda servir en platos individuales y añadir el queso en escamas.

Arroz con verduras

👤	**6 personas**
🕐	**45 minutos**
👨‍🍳	**Fácil**
$	**Económico**
⚖️	**350 calorías**
🍾	**Un vino rosado, del Penedès**

500 g de arroz
500 g de judías verdes
500 g de guisantes
500 g de zanahorias
500 g de alcachofas pequeñas
1 cebolla
500 g de tomates
Aceite
Sal
Pimienta recién molida

1 Se limpian las alcachofas, y se trocean. A continuación, se colocan en la olla junto con los guisantes, se sazona ligeramente y se cubre con agua.

2 Se cierra la olla y se deja que cueza a presión máxima, durante diez minutos, contando desde el momento en que comienza a silbar la válvula.

3 Transcurrido este tiempo, se abre la olla una vez que ha salido todo el vapor. Se escurren las alcachofas y los guisantes y se reservan.

4 Se calientan tres cucharadas de aceite en la olla y se fríe en él la cebolla finamente picada. Se añaden las judías verdes, las zanahorias troceadas y el tomate partido, sin piel ni pepitas. Se rehoga todo bien.

5 Seguidamente, se incorpora el arroz y se rehoga de nuevo. En este momento, se añade el agua (debe ser el doble de cantidad que el arroz). Cuando empiece a hervir, se incorporan los guisantes. Se salpimenta al gusto y se deja que se cueza todo, a fuego moderado, durante unos quince minutos, aproximadamente, con la olla destapada.

6 A media cocción, se disponen por encima las alcachofas que se habían reservado. Se deja reposar el plato unos cinco minutos antes de servir.

Primeros platos

Canelones de atún

👤	4 personas
🕐	45 minutos
👨‍🍳	Fácil
$	Económico
⚖	265 calorías
🍷	Un tinto, Ribera del Duero

18 placas de canelones
250 g de atún en aceite
2 huevos duros
100 g de champiñones
200 g de cebolla
50 g de queso gruyère rallado
2 cucharadas de extracto de tomate
3 cucharadas de aceite de oliva
Salsa besamel
Sal y pimienta

1 Se llena la mitad de la olla con agua, y se le añade sal y un chorrito de aceite. Cuando comience a hervir, se agregan las placas de canelones y se remueve bien hasta que se recupera el punto de ebullición. En este momento se cierra la olla y se deja cocer, a presión mínima, durante cinco minutos, contando desde el momento en que comienza a escucharse el silbido de la válvula.

2 Transcurrido este tiempo, se enfría rápidamente la olla, se abre, se llena de agua fría para detener la cocción y se escurren los canelones. Se extienden sobre una superficie lisa para proceder a rellenarlos.

3 Se calienta en la olla el aceite, y se fríe en él la cebolla picada. Se añaden los champiñones y se dejan hasta que se reduzca el agua.

4 A continuación, se agrega el atún, los huevos duros picados y el extracto de tomate. Se retira del fuego y se incorpora el queso, sin dejar de remover con una espátula de madera. Por último, se salpimenta al gusto.

5 Se rellenan los canelones con este preparado y se cubren con la salsa besamel. Se espolvorean con queso rallado y se gratinan antes de servir.

Canelones de espárragos

👤	4 personas
🕐	45 minutos
👨‍🍳	Fácil
$	Económico
⚖	294 calorías
🍷	Un tinto, Ribera del Duero

18 placas de canelones
200 g de puntas de espárragos
30 g de jamón york
200 g de requesón
50 g de queso parmesano rallado
1 huevo duro
1 pizca de orégano
Salsa besamel
Sal y pimienta

1 Primeramente, se disponen en la olla a presión, junto con 1 l de agua, las puntas de los espárragos; se hierven, se escurren y se parten en trocitos pequeños.

2 A continuación, se corta el jamón york en daditos y se trocea el huevo duro en pedacitos muy menudos.

3 Se mezcla en un plato hondo el queso parmesano y el requesón con un tenedor. A esta mezcla se le añade el huevo duro, el jamón, los espárragos, la pizca de orégano, la sal y la pimienta.

4 Se llena la mitad de la olla con agua, a la que se añade sal y un chorrito de aceite. Cuando empieza a hervir, se incorporan los canelones y se remueve bien hasta que se vuelve a alcanzar el punto de ebullición, momento en el que se cierra la olla. Se deja cocer, a presión mínima, durante cinco minutos.

5 Transcurrido este tiempo, se enfría rápidamente la olla, se abre y se llena de agua fría para detener la cocción.

6 Se escurren los canelones, se rellenan con la mezcla y se cubren con salsa besamel. Se espolvorean con queso, y ya sólo queda gratinar y servir.

Canelones Rossini

👤	4 personas
⏲	45 minutos
👨‍🍳	Fácil
$	Económico
⚖	294 calorías
🍾	Un tinto, Ribera del Duero

18 placas de canelones
250 g de carne magra de cerdo
5 hígados de pollo
1/2 seso de ternera
100 g de jamón serrano
1 huevo
100 g de paté
25 g de manteca de cerdo
1 vasito de jerez
1 copita de brandy
4 cucharadas de extracto de tomate
1 cebolla mediana
20 g de harina
1 dl de caldo
1 dl de leche
50 g de queso rallado
1 trufa
Laurel en polvo
Nuez moscada
Sal
Pimienta recién molida

1 Se hierve el seso de ternera a fuego lento. Se pica la cebolla y el jamón serrano.

2 A continuación, se dispone la manteca en la olla a presión, y se rehoga en ella la cebolla. Cuando esté blanda, se añade la carne y los hígados.

3 Se agrega la harina, el jerez y el brandy, muy lentamente, y se deja que reduzca.

4 Seguidamente, se pasa todo por la picadora, y se va incorporando el jamón, el seso, la trufa y el paté.

5 En este momento, se pone todo de nuevo en la olla a presión, se lleva al fuego, se añade el extracto de tomate y el huevo y, sin dejar de remover, se incorpora el caldo, la leche, la nuez moscada, sal, pimienta y laurel.

6 Se cierra la olla y se deja, a presión máxima, diez minutos, contados desde que empiece a silbar la válvula.

7 Mientras tanto, se hierve la pasta en abundante agua con sal. Se escurre y se extienden los canelones sobre el mármol de la cocina, para proceder a rellenarlos.

8 Finalizada la cocción en la olla, se espera a que salga el vapor y se abre. Se rellenan los canelones y se cubren con la salsa. Se gratinan y se sirven.

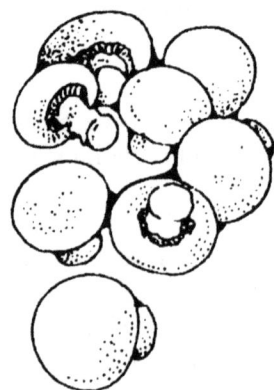

Cestitos de patatas y champiñones

👤	6 personas
🕐	40 minutos
👨‍🍳	Fácil
$	Económico
⚖	310 calorías
🍾	Un vino tinto joven, Toro

800 g de patatas de buena calidad
200 g de champiñones
3 huevos
1 ramita de perejil
Aceite de oliva
30 g de mantequilla
Sal
Pimienta

1 Se lavan las patatas y se colocan en la olla con dos vasos de agua y sal. Se cierra y se deja cocer, a presión máxima, durante quince minutos, contando desde el momento en que se empieza a escuchar el silbido.

2 Mientras, se lava y se pica el perejil. Se calientan tres cucharadas de aceite en una sartén y se rehogan los champiñones. Se añade el perejil picado, se salpimenta y se remueve. Se precalienta el horno a 180 C.

3 Una vez finalizada la cocción en la olla, esta se enfría rápidamente, se abre y se escurren las patatas; seguidamente, se pelan y se pasan por el pasapurés.

4 Se recoge el puré en un bol. Se incorpora la mantequilla fundida, dos yemas de huevo y una pizca de sal.

5 Se unta con aceite la placa del horno. Se pone el puré en una manga pastelera de boca rizada, se forman unos cestillos y se depositan con mucho cuidado sobre la placa de hornear.

6 Finalmente, se pintan los cestillos con el resto de huevo batido y se hornean durante diez minutos, hasta que estén bien dorados. A continuación, se sacan del horno, se rellenan con los champiñones y se sirven inmediatamente.

Cintas con gambas y verduras

👤	4 personas
🕐	90 minutos
👨‍🍳	Difícil
$	Caro
⚖	273 calorías
🍾	Un tinto, Ribera del Duero

200 g de tallarines
200 g de setas
150 g de gambas peladas
150 g de repollo
1 guindilla
2 dientes de ajo
2 cucharadas de aceite
1 cucharada de brandy
1 tacita de clavo
1 cebolla pequeña
Sal
Pimienta recién molida

1 En primer lugar, se calientan las dos cucharadas de aceite en la olla y se rehogan el ajo entero, la cebolla pelada y picada y la guindilla.

2 Cuando el ajo empiece a dorarse, se retira la guindilla del aceite y se echa el repollo, previamente lavado, escaldado y cortado en tiritas muy finas.

3 En este momento, se tapa la olla y se deja cocer, a presión suave, durante quince minutos, que se empezarán a contar en el momento en que comience a hervir.

4 Mientras tanto, se limpian las setas y se trocean.

5 Se lavan las gambas y se cortan en dos o tres trozos.

6 Acabada la cocción en la olla, se enfría rápidamente y se abre. Se colocan las setas troceadas en el centro del repollo, y las gambas se distribuyen sobre las setas.

7 A continuación, se cubren las setas y las gambas con el repollo, se incorpora todo el caldo, se salpimenta y se tapa otra vez la olla, para cocer esta vez a presión máxima durante quince minutos.

8 Se hierve la pasta en abundante agua con sal, y se escurre.

9 Transcurrido el tiempo de la cocción en la olla, se espera a que todo el vapor haya salido y se abre. Se riega con el brandy, y se agrega la pasta.

10 Por último, se mezcla todo con cuidado y se sirve al momento.

Primeros platos

Croquetas de patata

👤	4 personas
🕐	40 minutos
👨‍🍳	Fácil
$	Medio
⚖	310 calorías
🍾	Un tinto, Novell del Empordà

1 kg de patatas de pulpa blanca y harinosa
1/2 l de leche
Mantequilla
Queso rallado
Nuez moscada rallada
Sal

1 Se pelan las patatas, se lavan y se cortan en rodajas. Se colocan en la olla a presión, se cierra esta y se deja que cuezan durante quince minutos, contando desde el momento en que se comienza a escuchar el silbido.

2 Finalizada la cocción, se espera a que todo el vapor haya salido de la olla antes de abrirla. Se escurren las patatas y se pasan por el pasapurés, dejando caer el puré en un bol.

3 Se bate con energía, se añade la leche, la mantequilla, la sal y, si se desea, queso rallado o nuez moscada rallada.

4 Se forman con este puré unas albondiguillas alargadas, que se pasan por harina, huevo batido y pan rallado; se fríen en aceite hirviendo.

5 Por último, se sirven las croquetas recién hechas, eliminando el exceso de grasa colocándolas sobre papel de cocina.

Discos de patata

👤	4 personas
🕐	40 minutos
👨‍🍳	Fácil
$	Medio
⚖	300 calorías
🍾	Un tinto, Novell del Empordà

1 kg de patatas de pulpa blanca y harinosa
1/2 l de leche
Mantequilla
2 huevos
Queso rallado
Nuez moscada rallada
Sal

1 Primeramente se pelan las patatas, se lavan y se cortan en rodajas. Se colocan en la olla a presión.

2 Se cierra la olla y se deja que cuezan durante quince minutos, contando desde el momento en el que se empieza a escuchar el silbido de la válvula.

3 Al finalizar la cocción, se espera a que todo el vapor haya salido de la olla antes de abrirla. Se escurren las patatas y se pasan por el pasapurés, dejando caer el puré en un bol.

4 A continuación se bate con energía y se añade un huevo entero, una yema, la leche, la mantequilla, la sal y, si se desea, queso rallado o nuez moscada rallada.

5 Seguidamente, se introduce la mezcla en una manga pastelera y se presiona directamente sobre una placa de horno untada con mantequilla, formando unos discos ligeramente aplastados.

6 Se introducen en el horno para que se gratinen bajo el grill, pintados con mantequilla. Se sirven recién salidos del horno.

Ensalada de arroz

👤	4 personas
🕐	40 minutos
👨‍🍳	Fácil
$	Medio
⚖	210 calorías
🍾	Un tinto, Ribera del Duero

200 g de arroz de grano largo
1 hoja de laurel
100 g de aceitunas verdes rellenas
50 g de aceitunas negras
100 g de queso suave
25 g de alcaparras
2 tomates maduros
150 g de jamón dulce
2 huevos duros cortados en rodajas
Sal

Para la salsa:
2 cucharadas de yogur
6 cucharadas de aceite de oliva
El zumo de medio limón
1 cucharadita de mostaza a las finas hierbas
Pimienta
Sal

1 Se calienta en la olla agua con sal y la hoja de laurel. Una vez que ha alcanzado el punto de ebullición, se añade el arroz y se remueve bien.

2 A continuación, se cierra y se deja cocer, a presión mínima, durante siete minutos, que se contarán desde el momento en que empiece a silbar.

3 Al finalizar la cocción, se enfría rápidamente, se escurre el arroz y se pasa por el agua fría para detener la cocción.

4 Mientras, se cortan en dados el queso, el jamón y los tomates. Se mezcla todo con el arroz, las aceitunas cortadas en laminillas y las alcaparras. Por otra parte, se bate el aceite junto con la mostaza, el zumo de limón y el yogur. Se salpimenta al gusto.

5 Por último, se dispone la ensalada de arroz en una fuente redonda y se aliña con la salsa. Se decora con las rodajas de huevo duro y las aceitunas negras, y se sirve caliente o fría, al gusto de los comensales.

Espaguetis sabrosos

👤	4 personas
🕐	30 minutos
👨‍🍳	Fácil
$	Medio
⚖	235 calorías
🍾	Un tinto, Ribera del Duero

300 g de espaguetis
4 salchichas de cerdo
100 g de mortadela
2 lonchas de beicon
2 dientes de ajo
4 cucharadas de tomate frito
Orégano
Mejorana
1 cucharadita de queso parmesano rallado
Sal
Pimienta recién molida

1 Se llena la mitad de la olla con agua y se le añade sal y un chorrito de aceite.

Primeros platos

Cuando empiece a hervir, se incorporan los espaguetis y se remueven bien hasta que se vuelva a alcanzar el punto de ebullición. Se cierra la olla, y se dejan cocer, a presión mínima, durante diez minutos, contando desde el momento en que comienza a silbar la válvula.

2 Transcurrido este tiempo, se enfría rápidamente, se abre, se llena con agua fría para detener la cocción y se escurre la pasta.

3 A continuación, se calienta en la olla (que previamente se habrá limpiado y secado) el aceite y se fríen en él los ajos, pelados y picados. Cuando estén dorados, se añaden las lonchas de beicon cortadas finas y las salchichas troceadas. Se rehoga todo durante cuatro minutos, aproximadamente.

4 Seguidamente, se agregan los espaguetis y se remueve bien. Se añade el tomate y se mantiene en el fuego un par de minutos más.

5 Se colocan para servir en platos individuales, y se espolvorea por encima con el queso parmesano rallado.

Espaguetis con sepia

👤	4 personas
🕐	90 minutos
👨‍🍳	Difícil
$	Caro
⚖	324 calorías
🍾	Un tinto, Ribera del Duero

500 g de sepias frescas o congeladas
400 g de espaguetis
400 g de tomate triturado
1 cebolla
2 dientes de ajo
1 ramillete de perejil
1 ramita de romero
1 tallo de apio
5 cucharadas de aceite de oliva
3 cucharadas de manteca de cerdo
4-6 cucharadas de vino blanco seco o caldo de verdura
Sal y pimienta
1 zanahoria

1 Se descongelan las sepias, si procede. Se lavan bien por dentro y por fuera.

2 Se cortan los tentáculos en trocitos y el cuerpo en tiras o anillos de 1/2 centímetro.

3 Se pica finamente la cebolla y los ajos, el perejil y el romero. Se limpia el apio y se corta en rodajas. Se lava y ralla la zanahoria.

4 A continuación, se calientan tres cucharadas de aceite de oliva en la olla a presión, junto con la manteca de cerdo. Se incorpora la cebolla, los ajos, el apio y la zanahoria, y se rehoga todo junto, a fuego medio, durante 5 minutos, sin dejar de remover.

5 Se añaden los tentáculos, y se rehogan a fuego suave. En este momento se tapa la olla y se deja cocer todo, a presión máxima, durante veinte minutos, contando a partir del momento en que comienza a hervir.

6 Transcurrido este tiempo se abre la olla, después de haber dejado que salga el vapor. Se vierte un poco de vino blanco y se añade el perejil y el romero. Se rehoga durante cinco minutos, incorporando luego las anillas de sepia.

7 Finalmente, se agrega el tomate y se salpimenta. Se cierra otra vez la olla y se cuece, a presión suave, durante treinta minutos.

8 Mientras, se cuece la pasta *al dente* en abundante agua con sal y unas gotas de aceite. Se precalienta una fuente, y se colocan en ella los espaguetis.

9 Se abre de nuevo la olla y se mezclan bien los espaguetis con la sepia. Se sirven calientes.

Espirales con espinacas

👤	4 personas
🕐	60 minutos
👨‍🍳	Fácil
$	Económico
⚖	284 calorías
🍾	Un tinto, Ribera del Duero

400 g de espirales
750 g de espinacas
1 ramillete de perejil
1 ramillete de albahaca
60 g de mantequilla
2 cucharadas de aceite de oliva
1 pizca de nuez moscada
1/2 l de nata
80 g de queso parmesano recién rallado
Sal

1 Se pican finamente el perejil y la albahaca. Se desechan las hojas lacias y los tallos gruesos de las espinacas, y se lava el resto.

2 Se disponen las espinacas húmedas en una cacerola, se tapan y se deja que se ablanden. Se enfrían en un colador y se pican finamente.

3 Seguidamente, se llena la mitad de la olla a presión con agua a la que se añadirá sal y unas gotas de aceite. Cuando alcance el punto de ebullición, se incorpora la pasta troceada y se remueve bien hasta que vuelva a hervir; se cierra la olla. Se deja cocer, a presión mínima, durante cinco minutos, que se contarán desde el momento en que empiece a silbar.

4 Acabada la cocción, se enfría rápidamente. Se abre la olla, se llena de agua fría para detener la cocción y se escurre la pasta, que se reserva aparte en una fuente.

5 A continuación, se calienta ligeramente el aceite y la mantequilla en la olla a presión, y se rehogan en él las hierbas durante 2-3 minutos, a fuego suave; luego se añaden las espinacas.

6 Se sazona con sal y nuez moscada, se remueve bien y se deja reposar durante 5 minutos, con la olla tapada. Se riegan las espinacas con la nata y se vuelcan sobre los espirales.

7 Por último, se espolvorean con el queso parmesano rallado, se mezcla, se tapa la fuente, se deja reposar 3 o 4 minutos y se sirve.

Macarrones con jamón y tomate

👤	4 personas
🕐	60 minutos
🎩	Fácil
$	Económico
⚖️	425 calorías
🍾	Un tinto, Ribera del Duero

400 g de macarrones
400 g de tomates maduros
3 dientes de ajo
1 zanahoria
1 tallo de apio
12 hojas de albahaca
150 g de jamón serrano, no muy magro y sin corteza
50 g de manteca de cerdo
1 pizca de guindilla molida
50 g de queso parmesano rallado
50 g de queso de oveja rallado
Sal

1 En primer lugar, se machacan los ajos, se pica finamente la zanahoria y el apio, se desmenuza la albahaca y se corta el jamón en daditos pequeños.

2 Se calienta la manteca en la olla a presión y se rehogan en ella, a fuego medio, los ajos, la zanahoria y el apio, durante diez minutos, sin dejar de remover.

3 Mientras tanto se escaldan los tomates en agua hirviendo, se pelan, se les quitan las semillas y se pican.

4 Se reduce el fuego y se añade el jamón; se deja rehogar durante cinco minutos. Se incorpora el tomate y se sazona todo con sal, guindilla y albahaca.

5 En este momento, se tapa la olla y se deja cocer, a presión suave, durante veinte minutos, que se contarán desde el momento en que se empiece a escuchar el silbido.

6 Mientras tanto, se cuece la pasta *al dente* en abundante agua con sal, se escurre y se reserva en una fuente refractaria previamente calentada.

7 Se abre la olla, una vez que ya ha finalizado la cocción, y después de haber dejado salir bien el vapor. Se vierte la salsa sobre la pasta. Se mezclan los dos tipos de queso rallado y se sirven aparte.

Nidos de patata

👤	4 personas
🕐	40 minutos
👨‍🍳	Fácil
$	Medio
⚖	290 calorías
🍾	Un tinto, Novell del Empordà

1 kg de patatas de pulpa blanca y harinosa
1/2 l de leche
Mantequilla
2 huevos
Queso rallado
Nuez moscada rallada
Sal

1 Se pelan las patatas, se lavan y se cortan en rodajas. Se ponen en la olla a presión.

2 Se tapa la olla y se dejan cocer durante quince minutos, que se contarán desde el momento en que se empiece a escuchar el silbido.

3 Transcurrido este tiempo, se espera a que salga el vapor de la olla y se abre. Se escurren las patatas y se pasan por el pasapurés, dejando caer el puré en un bol.

4 Se bate con energía, se añade un huevo entero, una yema, la leche, la mantequilla, la sal y, si se desea, queso rallado o nuez moscada rallada.

5 Se introduce la mezcla en una manga pastelera y se presiona directamente sobre una placa para horno untada con mantequilla, formando círculos de cinco centímetros de diámetro.

6 Se pintan con huevo y se hornean a 220 C, durante cinco minutos. Estos nidos se pueden servir como acompañamiento o rellenos con sofrito de verduras, carne, setas o menudillos de pollo.

Primeros platos

Pasta y judías

👤	4 personas
🕐	90 minutos
👨‍🍳	Fácil
$	Económico
⚖	387 calorías
🍾	Un tinto, Ribera del Duero

250 g de judías secas
150 g de pasta al huevo
3 cucharadas de concentrado de tomate
2 dientes de ajo
20 g de aceite de oliva virgen
Romero
Sal
Pimienta recién molida

1 Se dejan las judías secas en remojo durante unas 12 horas. Transcurrido este tiempo, se enjuagan, se escurren y se ponen en la olla a presión, con una pizca de romero y el ajo. Se cubren con 1 l de agua.

2 A continuación, se cierra la olla y se deja cocer todo, a la máxima presión, durante treinta minutos, que se contarán desde el momento en que se empiece a escuchar el silbido.

3 Una vez finalizada la cocción, se sacan el ajo, el romero y algo más de la mitad de las judías. Se trituran y se vierte la crema obtenida de nuevo en la olla.

4 Se añade el concentrado de tomate y un poco de agua. Se deja que hierva durante unos instantes y se vierte la pasta, que cocerá, a fuego lento, removiendo de vez en cuando.

5 Se sirve en el plato, añadiendo el aceite y salpimentando de nuevo, si se considera necesario.

Pasta con verduras

👤	4-6 personas
🕐	20 minutos
👨‍🍳	Fácil
$	Económico
⚖	325 calorías
🍾	Un vino tinto joven, Toro

1 cubito de caldo de carne
300 g de menestra de verduras congeladas
240 g de pasta de sopa
4-6 lonchas de queso fundido
4-6 rebanadas de pan
Aceite de oliva
Sal

1 Se precalienta el horno a 180 C. Se vierten 12 dl de agua en la olla y se añade el cubito de caldo y las verduras. Se cierra y se deja cocer, a la máxima presión, durante veinte minutos, que se contarán desde el momento en que empiece a hervir.

2 Mientras tanto, se disponen las rebanadas de pan sobre la placa del horno y se tuestan. Se sacan, se colocan encima las lonchas de queso y se vuelven a meter en el horno hasta que funda el queso. Se reservan dentro de este (una vez apagado y abierta la puerta para que el calor no sea excesivo).

3 Una vez que ha terminado la cocción en la olla, se enfría rápidamente, colocando la válvula en posición de desvaporización. Se abre y se añade la pasta. Se vuelve a cerrar y se deja cocer durante siete minutos.

4 Se rectifica la sal, se ponen las tostadas con el queso en platos, se vierte encima la sopa y se rocía con aceite.

Pastel de arroz con jamón y setas

👤	4 personas
🕐	40 minutos
👨‍🍳	Fácil
$	Caro
⚖	300 calorías
🍾	Un tinto, Ribera del Duero

350 g de arroz
75 g de jamón serrano
200 g de champiñones
1/4 l de salsa de tomate
1/2 dl de vino blanco
1 hoja de laurel
25 g de mantequilla
Aceite de oliva
Pimienta
Sal

Para la salsa mayonesa:
1 huevo
1/4 l de aceite
El zumo de medio limón
Sal
1 cucharadita de mostaza

1 Se llena la mitad de la olla con agua, se añade una pizca de sal y, cuando empiece a hervir, se vierte en ella el arroz y se remueve bien. Se tapa y se deja que cueza a presión mínima durante siete minutos, contados desde el momento en que empieza a silbar.

2 Transcurrido este tiempo, se enfría rápidamente y se detiene la cocción del arroz con agua fría.

3 Se limpian bien los champiñones y se trocean menudos. Se saltean a fuego vivo con un poco de aceite, se añade el jamón cortado en tiras finas, la salsa de tomate y el vino, y se deja cocer durante unos minutos.

4 Se rehoga el arroz con la mantequilla. Se unta también con mantequilla un molde redondo y se dispone en él la mitad del arroz. Se reparte por encima el relleno preparado y se vuelve a cubrir con arroz, presionando bien.

5 Por último, se desmolda y se cubre por encima con un poco de mayonesa. Se sirve la salsa restante en una salsera aparte.

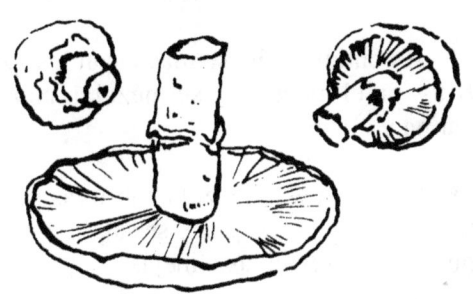

Patatas y almejas en salsa verde

👤	4 personas
🕐	20 minutos
👨‍🍳	Fácil
$	Económico
⚖	320 calorías
🍷	Un vino tinto joven, Toro

1 kg de patatas
1/2 dl de aceite
3 dientes de ajo
1 hoja de laurel
10 g de harina
1 dl de vino blanco
Sal
Pimienta blanca
1/4 l de agua
150 g de almejas o chirlas

1 Se pelan las patatas, se lavan y se cortan en rodajas de medio centímetro de grosor.

2 Se calienta el aceite en la olla y se rehogan los ajos, sin que se doren, y la hoja de laurel; se retiran y se aprovecha el aceite para rehogar las rodajas de patatas.

3 A continuación, se machacan los ajos fritos en el mortero y se mezclan con la harina y el vino.

4 Se vierte esta mezcla sobre las patatas, se rocía con el agua y se salpimenta al gusto. Se agregan las almejas.

5 Se cierra la olla y se cuece todo, a presión mínima, durante cinco minutos, que se contarán desde el momento en que empiece a escucharse el silbido.

6 Acabada la cocción, se espera a que todo el vapor haya salido de la olla y se abre. Se pica el perejil y se espolvorea.

7 Por último, se sirve en una fuente algo honda y, si se desea, se puede decorar con dos huevos duros cortados en cuartos.

Patatas con costillas

👤	6 personas
🕐	45 minutos
👨‍🍳	Fácil
$	Medio
⚖	340 calorías
🍷	Un vino tinto, Ribera del Duero

1 kg de patatas
1 cebolla
2 dientes de ajo
1 vaso de vino blanco
3/4 kg de costillas y rabo de cerdo
1 vasito de aceite de oliva
3 vasos de agua
Pimentón
Perejil
Pimienta
Sal

1 Se pelan y se pican finos los ajos y la cebolla. Se introducen en la olla junto con las costillas y el rabo.

2 Se agrega el aceite y se rehoga todo durante cinco minutos. Se deja que se dore un poco y se añade un vaso de agua.

3 En este momento, se cierra la olla y se deja cocer, a presión máxima, durante veinte minutos.

4 Una vez finalizada la cocción, se enfría la olla poniéndola bajo el agua del grifo, y se abre. Se incorpora el pimentón y las patatas, peladas y cortadas en rodajas. Se añaden dos vasos más de agua y se vuelve a cerrar la olla. Se prosigue la cocción durante doce minutos más.

5 Transcurrido este tiempo, se espera a que todo el vapor haya salido de la olla, y se abre. Se agrega la pimienta, el perejil y la sal, y se le da un hervor (sin tapar la olla).

6 Se vierte en una bandeja y se lleva a la mesa.

Patatas estofadas

👤	6 personas
🕐	30 minutos
👨‍🍳	Fácil
$	Económico
⚖	320 calorías
🍾	Un vino tinto joven, Toro

1 kg y 1/2 de patatas
6 cucharadas de aceite
1 vaso de vino blanco
2 cebollas
1 taza y 1/2 de agua
1/2 cabeza de ajos
1 hoja de laurel
Sal
Pimienta

1 Se pelan y se cortan finas las patatas y las cebollas. Se calienta el aceite en la olla.

2 Se incorporan las patatas, las cebollas y la cabeza de ajos, cortada también fina. Se rehogan todos estos ingredientes durante unos cinco minutos, al cabo de los cuales se salpimenta y se añade el agua y el vino.

3 Se cierra la olla y se deja cocer, a presión mínima, durante seis minutos, contados desde el momento en que comienza a silbar.

4 Una vez finalizada la cocción, se enfría rápidamente la olla, se abre y se vierte el contenido en una fuente de servir. Las patatas estofadas se sirven calientes.

Patatas al gratén

👤	8 personas
🕐	30 minutos
👨‍🍳	Fácil
$	Económico
⚖	320 calorías
🍾	Un vino tinto, de Navarra

8 patatas de unos 150 g cada una
1 huevo
1 rebanada de pan de molde
Unas ramitas de perejil
60 g de mantequilla
Pimienta
Sal

1 Se lavan bien las patatas y, sin pelarlas, se ponen en la olla a presión, cubiertas con agua con sal. A continuación, se cierra la olla y se dejan cocer durante diez minutos, que se contarán desde el momento en que empiece a sonar el silbido.

2 Acabada la cocción, se escurren las patatas, se pelan y se deja que se enfríen.

3 Mientras tanto, se limpia y se pica el perejil, y se coloca en un plato hondo con la rebanada de pan de molde desmigada muy fina; se mezcla bien. Se bate el huevo con un pellizco de sal y otro de pimienta.

4 Se pasan las patatas, una por una, primero por el huevo y luego por la mezcla de perejil y pan de molde. Se unta una fuente con mantequilla y se colocan en ella. Se distribuye encima el resto de la mantequilla en trocitos.

5 Seguidamente, se gratina la fuente unos minutos, hasta que las patatas presenten una corteza crujiente.

Patatas al vapor

👤	4 personas
🕐	20 minutos
👨‍🍳	Fácil
$	Económico
⚖️	240 calorías
🍾	Un vino tinto joven, Toro

1 kg de patatas
25 cl de agua
Sal y perejil

1 Se pelan las patatas, se sazonan y se cuecen al vapor en la olla durante diez minutos.

2 Se sirven, espolvoreadas con perejil picado.

Puré de patatas

👤	4 personas
🕐	20 minutos
👨‍🍳	Fácil
$	Económico
⚖️	280 calorías
🍾	Un tinto del Empordà

1 kg de patatas de pulpa harinosa
1/2 l de leche
Mantequilla
Queso rallado
Nuez moscada rallada
Sal

1 Se pelan las patatas, se lavan y se cortan en rodajas. Se colocan en la olla presión y se cierra.

2 Se dejan cocer las patatas por espacio de quince minutos, contados desde el momento en que empiece a sonar el silbido.

3 Finalizada la cocción, se abre la olla una vez que ha salido todo el vapor. Se escurren las patatas y se pasan por el pasapurés.

4 A continuación, se bate el puré con energía, se añade la leche, la mantequilla, la sal y, si se desea, queso rallado o nuez moscada rallada.

5 Por último, si se observa que se ha enfriado mientras se preparaba, se calienta unos minutos a fuego moderado, sin dejar de remover.

Rizos de patata

👤	4 personas
🕐	40 minutos
👨‍🍳	Fácil
$	Medio
⚖	290 calorías
🍾	Un vino tinto joven, Toro

1 kg de patatas de pulpa harinosa
1/2 l de leche
La piel de un limón
2 yemas de huevo
Mantequilla
Queso rallado
Nuez moscada rallada
Pasta de sopa tipo cabello de ángel, desmenuzada
Sal

1 Se pelan las patatas, se lavan y se cortan en rodajas. Se disponen en la olla a presión.

2 Se cierra la olla y se deja que cuezan durante quince minutos, contados desde el momento en que empieza a hervir.

3 Finalizada la cocción, se abre la olla una vez que ha salido todo el vapor. Se escurren las patatas y se pasan por el pasapurés.

4 Seguidamente, se bate con energía el puré y se añade un poco de piel de limón, dos yemas de huevo, la leche, la mantequilla, la sal y, si se desea, queso rallado o nuez moscada rallada.

5 A continuación se forman bolitas, y se pasan por una mezcla de harina y de pasta fina para sopa desmenuzada.

6 Se fríen en abundante aceite hirviendo y se sirven los rizos recién hechos, eliminando el exceso de grasa colocándolos sobre papel de cocina.

Tallarines o cintas con atún y tomate

👤	4 personas
🕐	30 minutos
👨‍🍳	Fácil
$	Económico
⚖	324 calorías
🍾	Un tinto, Ribera del Duero

250 g de tallarines o cintas secas, al huevo o de espinacas
40 g de queso rallado Emmental
Aceite de oliva
Sal

Para la salsa:
200 g de atún en aceite
1 cebolla
1/4 l de salsa de tomate
1 cucharadita de orégano
Sal
Pimienta
50 g de aceitunas rellenas
Aceite

1 Para empezar, se llena la mitad de la olla a presión de agua y se le añade una pizca de sal y un chorrito de aceite. Cuando empiece a hervir, se incorpora la pasta troceada y se remueve bien hasta que vuelva a hervir; se cierra la olla. Se deja cocer, a presión mínima, durante dos minutos, que se contarán desde el momento en que la olla comience a silbar.

2 Seguidamente, se enfría rápidamente la olla, se abre y se llena de agua fría para detener la cocción; se escurre la pasta y se reserva.

3 A continuación, se calienta en la olla (que previamente se habrá lavado y secado) el aceite, y se fríe en él la cebolla bien picada. Se añade el atún desmenuzado, las aceitunas cortadas en rodajas y la salsa de tomate.

4 Una vez reducida la salsa, se añade el orégano y se salpimenta al gusto. Se mezclan las cintas con la salsa preparada y se disponen en una fuente resistente al horno. Se espolvorean con el queso rallado y se gratinan antes de servir.

Tomates rellenos de patata

👤	4-6 personas
🕐	20 minutos
👨‍🍳	Fácil
$	Económico
⚖	340 calorías
🍾	Un vino tinto joven, Tierra Alta

100 g de carne de pavo cocida
1 patata
50 g de mayonesa
6 tomates
4 pepinillos en vinagre
1 huevo
1 ramita de albahaca
5 hebras de cebollino
Sal

1 Se lava la patata, se introduce en la olla, se cubre de agua y se cuece, durante diez minutos, contados a partir del momento en que comienza a silbar la válvula.

2 Una vez finalizada la cocción, se abre la olla una vez que ha salido todo el vapor y se retira la patata, que seguidamente se pela y se corta en dados.

3 A continuación, se dispone el huevo en un cacito con agua y se cuece durante ocho minutos. Se enfría bajo el chorro del agua fría en el grifo.

4 Se lavan los tomates, se cortan por la mitad, se vacían y se disponen boca abajo sobre un plato. Se cortan en daditos los pepinillos y la carne de pavo.

5 Se limpia el cebollino y la albahaca y se pican por separado. Se dispone en un bol el pavo, la patata, los pepinillos, la mayonesa y el cebollino picado.

6 Por último, se rellenan los tomates, se colocan en una fuente y se rodean con el huevo duro cortado en gajos. Se espolvorean con albahaca y se sirven.

Torta de patatas

👤	4 personas
🕐	40 minutos
👨‍🍳	Fácil
$	Económico
⚖	330 calorías
🍾	Un vino rosado, de Navarra

750 g de patatas que no sean harinosas
1 cebolla
1 loncha de 50 g de jamón serrano
Aceite de oliva
Pimienta
Sal

1 En primer lugar, se lavan las patatas y se ponen, sin pelar, en la olla a presión, con dos vasos de agua. Se cierra la olla y se cuecen durante diez minutos, que se contarán desde el momento en que empiece a sonar el silbido.

2 Una vez cocidas, se escurren, se pelan y se aplastan con un tenedor. Se pela la cebolla, se pica y se sofríe en una sartén con tres cucharadas de aceite de oliva. Se añaden las patatas y el jamón cortado en daditos; se sala, se mezcla y se aplasta todo bien con el tenedor, formando una torta.

3 Se cuece la torta a fuego medio durante siete minutos, procurando que la parte inferior se vaya dorando lentamente.

4 Por último, se salpimenta y se saca con cuidado de la sartén, volcándola sobre un plato. Se calientan otras tres cucharadas de aceite y se cuece la otra parte de la torta, con la sartén tapada, durante siete minutos. Se sirve caliente.

Tortitas de patata

👤	4 personas
🕐	40 minutos
👨‍🍳	Fácil
$	Económico
⚖	320 calorías
🍾	Un vino rosado, de Navarra

1 kg de patatas
150 g de beicon
100 g de queso rallado
550 g de harina
2 yemas de huevo
Aceite de oliva
Nuez moscada
Sal y pimienta

1 Se lavan las patatas y se disponen en la olla a presión con dos vasos de agua salada. Se cierra la olla y se deja cocer, a presión máxima, durante quince minutos, que se contarán desde el momento en que comience a sonar el silbido.

2 Acabada la cocción, se enfría rápidamente, se abre y se escurren las patatas; se pelan y se pasan por el pasapurés.

3 Después, se amasan sobre la tabla junto con las yemas de huevo, el queso rallado, la harina, una ralladura de nuez moscada, otra de pimienta molida y sal.

4 Se forman bolitas, se aplastan y se doran en una sartén.

5 Por último, se disponen las tortitas de patata en una fuente, adornadas con las lonchitas de beicon fritas. Se sirven al momento.

Verduras y legumbres

La cocción de legumbres y verduras en la olla a presión da unos resultados excelentes, ya que permite que se mantenga el color natural y el sabor fresco de estas, al mismo tiempo que se conservan todas las vitaminas y minerales.

En la cocción de las verduras es importante el hecho de que sean más o menos frescas. Según la calidad de la verdura, variará el tiempo de cocción.

La cocción normal se emplea generalmente para las verduras guisadas, hervidas o estofadas. Para que una vez cocidas resulten más verdes, es preciso que sean tiernas, frescas, y además, es necesario que se cuezan con muy poca agua y que no se introduzcan en la olla hasta que el agua esté en ebullición.

Para las verduras simplemente hervidas, el enfriamiento deberá ser siempre rápido. Una vez rebajada la presión, se abrirá la olla y se escurrirán.

Los tubérculos (patatas, nabos, zanahorias, etc.) es preferible ponerlos a cocer en frío, y para ellos no es indispensable el enfriamiento rápido.

La cocción al vapor se empleará para verduras de guarnición y, si se quiere, para verdura hervida, aunque este procedimiento no permite cocer grandes cantidades a la vez.

Por norma general, se empleará la presión máxima para todas las verduras que deben mantener su color verde. La presión mínima se empleará para verduras delicadas, tales como los guisantes, los espárragos o la coliflor.

Las legumbres se caracterizan por el largo proceso de cocción a que han de ser sometidas normalmente hasta conseguir que estén en su punto.

La olla a presión viene a resolver este problema de tiempo, consiguiendo asombrosos resultados de cocción en periodos que oscilan entre los quince y treinta y cinco minutos, con una considerable economía de combustible y de ahorro de tiempo.

Para su cocción, se empleará la presión máxima, dejándolas enfriar siempre lentamente. Sólo se bajará la presión en caso de que sea necesario añadir algún ingrediente a media cocción. De todos modos, al final, el enfriamiento será siempre lento.

Si se quieren conservar legumbres cocidas para guisar, se reservarán siempre con jugo. Si se quieren emplear en ensaladas, tortillas o para servir refritas, se escurrirán y refrescarán con agua para eliminar toda la fécula.

Acelgas con leche

👤	6 personas
🕐	30 minutos
👨‍🍳	Fácil
$	Económico
⚖	160 calorías
🍾	Un vino rosado, del Penedès

1 kg y 1/2 de acelgas
1 cucharada colmada de harina
1 cucharadita de zumo de limón
1 cucharada de manteca de vaca
6 rebanadas de pan frito
1 taza y 1/2 de leche
Pimienta
Sal

1 En primer lugar, se limpian bien las acelgas bajo el chorro de agua procurando que no queden hebras ni tierra entre las hojas. Se trocean.

2 Se colocan en la olla a presión, junto con una taza y media de agua y se dejan cocer, a máxima presión, durante tres minutos, contados desde el momento en que empiece a sonar el silbido.

3 Finalizada la cocción, se enfría rápidamente la olla y se abre. Se escurren bien las acelgas y se pican de nuevo, muy menudas.

4 A continuación, se dispone la cucharada de manteca en una cazuela y se rehogan en ella las acelgas, espolvoreándolas con harina y sin dejar de remover.

5 Se deja que se consuma el líquido, y se añade la leche, la sal y la pimienta; se lleva a ebullición.

6 Se retiran del fuego y se agrega el zumo de limón. Por último, se sirven en una fuente ovalada, acompañadas, según se quiera, de rebanaditas de pan frito.

Alcachofas en fricandó

👤	4 personas
🕐	20 minutos
👨‍🍳	Fácil
$	Económico
⚖	175 calorías
🍾	Un vino tinto joven, Toro

8 alcachofas del mismo tamaño
1 limón

Para la salsa:
100 g de setas
1 cebolla grande
1 tomate maduro o una cucharada de salsa de tomate
20 g de harina y un poco más para enharinar
1 hoja de laurel
1 dl de vino tinto
25 cl de agua
1/4 de pastilla de extracto de caldo
Sal
Pimienta
25 g de avellanas tostadas
1 diente de ajo
Perejil
Aceite

1 Se limpian las alcachofas, retirando las hojas más duras. Se trocean y se rocían con limón. Se sazonan, se enharinan y se fríen en aceite en la olla a presión hasta que estén doradas. Se reservan aparte.

2 A continuación, se fríe la cebolla, cortada en láminas, en la misma grasa que ha quedado en la olla.

3 Se deja dorar. Se añade la harina, el tomate y el laurel. Se rocía con el vino y el caldo. Se cierra la olla y se cuece, a presión máxima, durante cinco minutos, contados desde el momento en que empiece a sonar el silbido.

4 Acabada la cocción, se enfría rápidamente la olla y se abre.

5 Se cuela la salsa y se disponen nuevamente las alcachofas en la olla. Se cubren con la salsa y se añaden las setas, previamente remojadas con agua y escurridas.

6 Se machacan el ajo y el perejil junto con las avellanas y se diluyen con un poco de salsa. Se añaden al guiso.

7 Seguidamente, se vuelve a cerrar la olla y se cuece todo junto, a presión máxima, durante cinco minutos.

8 Transcurrido este tiempo, se espera a que todo el vapor de agua haya salido de la olla y se abre.

9 Se vierte el contenido en una fuente y se sirve caliente.

Alcachofas al perejil

👤	6 personas
🕐	20 minutos
👨‍🍳	Fácil
$	Económico
⚖	158 calorías
🍾	Un vino rosado, Cigales

6 alcachofas
1 limón
3 cucharadas de aceite de oliva
1 ramita de perejil
1/2 vaso de vino blanco
1 escalonia
1 diente de ajo
2 filetes de anchoas en aceite
Pimienta
Sal

1 En primer lugar, se limpian bien las alcachofas y se eliminan las hojas duras.

2 Se abren ligeramente para quitar la pelusilla y se ponen en remojo en agua con el zumo de medio limón.

3 Después, se escurren y se ponen hacia abajo en la olla a presión. Se rocían con el zumo del medio limón restante. Se aderezan con el aceite, la escalonia y el ajo picados y un pellizco de sal.

4 Se trocean los filetes de anchoa y se distribuyen por encima de las alcachofas. Se rocían con el vino y se cierra la olla a presión. Se calculan trece minutos de cocción, contados desde el momento en que comienza a hervir.

5 Una vez finalizada la cocción, se espera que todo el vapor salga de la olla, se abre y se ponen las alcachofas en una fuente de servir. Se espolvorean con perejil picado y se sirven frías o calientes, al gusto de los comensales.

Alcachofas rellenas de *foie-gras* y gratinadas

👤	4 personas
🕐	20 minutos
👩‍🍳	Fácil
$	Económico
⚖	240 calorías
🍾	Un vino tinto joven, Toro

8 alcachofas del mismo tamaño
1 limón
1/4 l de agua
80 g de foie-gras
4 cucharadas de mayonesa
25 g de queso Emmental, rallado
1/2 clara de huevo
Sal

1 Se limpian las alcachofas, retirando las hojas más duras. Se rocían con limón.

2 Seguidamente, se calienta el agua con sal en la olla a presión y, al iniciarse la ebullición, se colocan en ella las alcachofas. Se cierra la olla y se cuece, a presión máxima, durante ocho minutos, contados desde el momento en que empiece a sonar el silbido.

3 Acabada la cocción, se enfría rápidamente la olla, se abre y se escurren las alcachofas, boca abajo, en un paño limpio. Se disponen en una fuente resistente al horno y se cubren con el *foie-gras*. Se precalienta el horno a 220 C.

4 Se mezcla la mayonesa con el queso y la clara de huevo a punto de nieve. Se cubren las alcachofas con esta salsa y se introducen en el horno, previamente precalentado; posteriormente, se gratinan hasta que la superficie esté completamente dorada.

5 Por último, se sacan del horno y se sirven calientes.

Alubias con almejas

👤	4 personas
🕐	30 minutos
👩‍🍳	Fácil
$	Económico
⚖	280 calorías
🍾	Un tinto, Ribera del Duero

400 g de alubias blancas
12 almejas
1 dl de vino blanco
1 cebolla grande
2 cucharadas soperas de salsa de tomate
Aceite
1 diente de ajo
Perejil
4 hebras de azafrán
Pimienta
Sal

1 En primer lugar, se dejan en remojo las judías durante unas doce horas. Luego se escurren y se disponen en la olla a presión, se cubren con agua fría y se dejan hasta que comiencen a hervir.

2 Se retira el agua y se vuelven a cubrir con agua fría. Se añade el laurel, se cierra la olla y se cuece, a máxima presión, durante quince minutos.

3 Transcurrido este tiempo, se enfría lentamente y se sacan las alubias de la olla. Se calienta el aceite y se fríe en él la cebolla pelada y picada finamente.

4 Una vez dorada la cebolla, se añade la salsa de tomate, se rocía con el vino y se disponen nuevamente las alubias en la olla con el caldo.

5 A continuación, se machacan en el mortero los ajos, el perejil y el azafrán. Se diluye con un poco de caldo de las alubias, se incorpora a la olla y se disponen encima las almejas. Se cierra y se deja cocer todo, a presión máxima, durante dos minutos.

6 Acabada la cocción, se espera a que el vapor de agua haya salido de la olla y se abre. Se vuelca el contenido en una cazuela de barro y se sirve caliente.

Alubias hervidas

👤	**4 personas**
🕐	**40 minutos**
👨‍🍳	**Fácil**
$	**Económico**
⚖	**235 calorías**
🍾	**Un tinto, Ribera del Duero**

500 g de alubias blancas
1 hoja de laurel
Sal

1 Antes de empezar a elaborar este plato, se dejan las alubias en remojo durante unas doce horas.

2 Al día siguiente, se escurren y se disponen en la olla a presión. Se cubren con agua fría y se espera a que empiecen a hervir.

3 En este momento, se retira el agua y se vuelven a cubrir con agua fría.

4 Se añade el laurel, se cierra la olla y se cuece, a presión máxima, durante quince minutos, contados desde el momento en que empiece a sonar el silbido.

5 Acabada la cocción, se enfría lentamente y se abre.

6 Se sazona y se sirven las alubias calientes.

Cazuela de alubias

👤	4 personas
🕐	40 minutos
👨‍🍳	Fácil
$	Económico
⚖️	280 calorías
🍾	Un tinto, Ribera del Duero

500 g de alubias blancas
200 g de tomates
1 diente de ajo
Orégano
1 ramita de perejil
1 filete de anchoa en aceite
Aceite de oliva
Pimienta
Sal

1 Para empezar, se enjuagan las alubias y se ponen a hervir en la olla a presión, con agua sin sal, durante veinticinco minutos, contados desde el momento en que comience a sonar el silbido.

2 Mientras tanto, se lavan los tomates, que deben estar maduros pero firmes. Se escurren y se cortan en daditos.

3 A continuación, se pone al fuego una cazuela, preferiblemente de barro, con dos cucharadas de aceite de oliva, el diente de ajo picado, un pellizco de orégano y un filete de anchoa, escurrido y troceado.

4 En el momento en el que el aceite empiece a calentarse, se añaden los dados de tomate, medio vaso de agua templada y se salpimenta.

5 Cuando la salsa rompa a hervir, se añaden las judías, ya cocidas y escurridas, y se deja que se hagan durante tres minutos, a fuego vivo.

6 Finalizada la cocción, se retira del fuego, se pasa a un recipiente adecuado para servir y se espolvorea con perejil picado.

Cebada con verduras

👤	4 personas
🕐	30 minutos
👨‍🍳	Fácil
$	Económico
⚖️	190 calorías
🍾	Un tinto, Rioja de crianza

450 g de menestra de verduras, congelada
200 g de cebada perlada
1 cebolla
7 dl y 1/2 de caldo
4 cucharadas de queso rallado
50 g de mantequilla
Sal

1 Se pela la cebolla, se pica y se sofríe en 30 g de mantequilla en la olla destapada. Se añaden las verduras todavía congeladas y se rehogan durante unos minutos a fuego medio, removiendo de vez en cuando para evitar que se peguen.

2 En el momento en el que las verduras estén completamente descongeladas, se añade la cebada y se deja cocer todo junto durante unos minutos, sin dejar de remover.

3 A continuación, se riega con un cacito de caldo hirviendo y se deja que se reduzca. Se añade el caldo restante, se remueve bien y se lleva a ebullición.

4 Se cierra la olla a presión y se deja cocer durante quince minutos, contados desde el momento en que suena el silbido.

5 Transcurrido este tiempo, se espera a que salga el vapor y se abre la olla. Se ajusta el punto de sal, se añade el resto de mantequilla y el queso rallado.

6 Por último, se remueve bien, se vierte la cebada con las verduras en una fuente y se sirve.

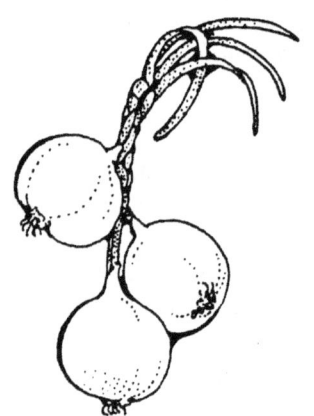

Cebollas rellenas de carne

👤	4 personas
🕐	20 minutos
👨‍🍳	Fácil
$	Medio
⚖	240 calorías
🍾	Un vino tinto joven, Toro

12 cebollas de tamaño mediano

Para el relleno:
200 g de carne picada
1 diente de ajo
Perejil
20 g de piñones
1/2 huevo
Sal y pimienta

Para la salsa:
2 cucharadas de salsa de tomate frito
  o 4 cucharadas de tomate crudo, triturado
Los restos de las cebollas
20 g de harina
25 g de avellanas tostadas
1 dl de vino tinto
1 dl y 1/2 de agua
1/2 pastilla de extracto de carne
Sal y pimienta
Aceite

1 En primer lugar, se pelan las cebollas y se vacían con una cucharilla especial para esta tarea, hasta obtener un hueco hondo en el centro.

2 Se mezcla bien la carne picada con los piñones, el ajo, el perejil, media cucharadita de harina y el huevo batido.

3 A continuación, se rellenan las cebollas con este preparado y se enharinan por la parte rellenada.

4 Seguidamente, se calienta el aceite en la olla a presión y se fríen en él las cebollas por la parte enharinada. Se reservan aparte sobre un papel de cocina que absorba el exceso de aceite.

5 En la misma grasa que ha quedado en la olla, se fríen los recortes de cebolla picados. Se añade la harina y el tomate, y se deja cocer todo, con la olla destapada, durante cinco minutos.

6 Transcurrido este tiempo, se rocía con el vino y el caldo y se agregan las avellanas picadas. Se salpimenta. Luego se disponen las cebollas en la olla, se tapa y se deja cocer a presión máxima durante siete minutos, contados desde el momento en que se empieza a escuchar el silbido.

7 Acabada la cocción, se espera a que salga todo el vapor de agua de la olla y se abre. Se enfría lentamente, se vierte todo en una fuente refractaria previamente calentada y se sirve.

Cebollitas glaseadas a la cerveza

👤	4 personas
🕐	20 minutos
👨‍🍳	Fácil
$	Económico
⚖	190 calorías
🍾	Un vino tinto joven, Toro

1 kg de cebollitas pequeñas
Aceite de oliva
30 g de azúcar
1/2 dl de cerveza
Sal
Pimienta

1 Se pelan las cebollitas y se fríen en el aceite que previamente habremos calentado en la olla.

2 Se añade el azúcar y se deja caramelizar. Se rocían con cerveza y se salpimentan al gusto.

3 A continuación, se cierra la olla y se cuece, a presión máxima, durante seis minutos, contando desde el momento en que comienza a silbar.

4 Transcurrido este tiempo, se espera a que todo el vapor de agua haya salido y se abre la olla. Se enfría lentamente.

5 Por último, se vierten las cebollitas en una fuente refractaria, previamente calentada, y se llevan a la mesa.

Coliflor entera con jamón al gratén

👤	4 personas
🕐	20 minutos
👨‍🍳	Fácil
$	Económico
⚖️	260 calorías
🍾	Un vino tinto joven, Toro

1 coliflor o 1 brécol de 1 kg de peso
1/4 l de agua
Queso rallado
Sal

Para la salsa:
35 cl de leche
20 g de harina
25 g de mantequilla
1 cucharada de salsa de tomate
75 g de jamón dulce
Sal
Pimienta
Nuez moscada

1 Se retiran las hojas verdes de la coliflor y se reserva entera. Se le practica una hendidura con el cuchillo.

2 A continuación, se calienta el agua con la sal en la olla a presión y se dispone en ella la coliflor en el cesto para cocinar al vapor. Se cierra la olla y se deja cocer, a presión mínima, durante ocho minutos, contados desde el momento en que empieza a silbar.

3 Acabada la cocción, se espera a que todo el vapor haya salido de la olla y se abre. Se enfría rápidamente, y se dispone la coliflor en una fuente redonda resistente al horno; se reserva aparte.

4 Para la salsa, se prepara una besamel con la mantequilla en la que se dora la harina. Se rocía con la leche, se añade la salsa de tomate y se sazona con sal, pimienta y nuez moscada.

5 Seguidamente, se añade el jamón cortado en trocitos. Se cubre la coliflor con esta salsa, se espolvorea con el queso rallado y se gratina. Se sirve caliente.

Coliflor en salsa

👤	4 personas
🕐	30 minutos
👨‍🍳	Fácil
$	Económico
⚖️	240 calorías
🍾	Un vino rosado, de Chile

1 coliflor de 1 kg
150 g de tomate troceado
4 lonchas de queso para fundir
2 filetes de anchoa en aceite
1 diente de ajo
1 ramita de perejil
Aceite de oliva
Pimienta
Sal

1 Se comienza limpiando la coliflor; se eliminan las partes duras, y se corta en trozos grandes. Se coloca en la olla con 1/2 l de agua y un pellizco de sal, se cierra esta y se deja que cueza durante cinco minutos, contados desde el momento en que empiece a sonar el silbido.

2 Acabada la cocción, se abre la olla, se escurre la coliflor y se pone en una fuente resistente al calor. Se precalienta el horno a 200 C.

3 Se pela el ajo y se aplasta ligeramente. Se calientan en una sartén tres cucharadas de aceite, se dora el ajo y se retira. Seguidamente, se añaden las anchoas troceadas, el tomate, la sal y la pimienta. Se remueve todo bien y se deja cocer durante tres minutos.

4 Se vierte la salsa sobre la coliflor, se coloca encima el queso y se introduce en el horno durante diez minutos.

5 Por último, se limpia y se pica el perejil. Se retira la fuente del horno, se espolvorea con el perejil picado y se sirve.

Cúpulas de coliflor y brécol

👤	6 personas
🕐	15 minutos
👨‍🍳	Fácil
$	Económico
⚖️	230 calorías
🍾	Un vino tinto, un Rioja joven

500 g de coliflor
500 g de brécol
8 filetes de anchoa en aceite
1 diente de ajo
1/4 de cubito de caldo
Aceite de oliva
Sal

1 Se lavan bien la coliflor y el brécol.

2 Se colocan en la olla y se cuecen durante cuatro minutos en agua con sal.

3 Transcurrido este tiempo, se abre la olla y se escurre la verdura; se coloca formando una cúpula en una fuente.

4 Se escurren los filetes de anchoa y se trocean. Se calientan tres cucharadas de aceite en una sartén, se añaden los trocitos de anchoa, el ajo picado y el cubito de caldo. Se riega con un cacito de agua hirviendo y se deja cocer hasta que los trocitos de anchoa se hayan deshecho.

5 Por último, se retira el ajo, se vierte la salsa sobre las verduras y se sirve enseguida.

Ensalada de judías

👤	6 personas
🕐	15 minutos
👨‍🍳	Fácil
$	Medio
⚖️	230 calorías
🍾	Un vino tinto ligero, Alella

450 g de judías verdes
400 g de alubias blancas cocidas
1/2 cebolla
1 limón
50 g de nueces peladas
1 ramita de albahaca
1 ramita de perejil
Aceite de oliva
Pimienta
Sal

1 Primeramente, se lavan las judías y se disponen en la olla con medio vaso de agua. Se añade la sal y se cierra la olla.

2 A continuación, se deja que se cuezan, a presión máxima, durante cinco minutos, contados desde el momento en que suene el silbido.

3 Mientras, se limpian la cebolla y las hierbas aromáticas, y se pican por separado.

4 Finalizada la cocción, se espera unos instantes a que el vapor haya salido de la olla y se abre.

5 Se escurren muy bien las judías verdes, se trocean y se disponen en una ensaladera.

6 Luego se escurren las alubias y se añaden a la ensaladera con las judías verdes.

7 Seguidamente, y en un bol aparte, se exprime el limón, se añade el aceite, una pizca de sal y otra de pimienta molida.

8 Se bate bien hasta obtener un compuesto homogéneo.

9 Por último, se añade a las judías este preparado y el picadillo de cebolla, y se mezcla suavemente.

10 Para finalizar, se espolvorea la ensalada con el picadillo de hierbas y se adorna con trocitos de nueces, unos minutos antes de llevarla a la mesa.

Ensalada templada

👤	4 personas
🕐	30 minutos
👨‍🍳	Fácil
$	Económico
⚖	200 calorías
🍾	Un vino blanco afrutado, Rueda

500 g de patatas
200 g de calabacines
150 g de zanahorias
100 g de habas desgranadas
4 cebolletas
1 cucharada de alcaparras en vinagre
1 chalota
1 ramita de perejil
2 cucharadas de vino blanco
4 cucharadas de aceite de oliva
Sal
Pimienta

1 Se lavan las patatas y se disponen en la olla a presión con un vaso de agua fría y una pizca de sal. Se cierra la olla y se deja cocer, a presión máxima, durante quince minutos, contados desde el momento en que empiece a sonar el silbido.

2 Mientras, se raspan y lavan las zanahorias, se cortan en tronquitos y se cuecen. También se despuntan los calabacines, se cortan en tronquitos y se escaldan con las habas, en agua hirviendo con sal.

3 A continuación, se escaldan por separado las cebolletas peladas. Se escurren todas las verduras, se les quita la piel a las habas y se mezcla todo en una ensaladera.

4 Cuando la cocción en la olla finalice, se enfría rápidamente, se abre y se escurren las patatas, se pelan y se cortan en rodajitas. Se incorporan a la ensaladera.

5 Se pican la chalota y el perejil con las alcaparras escurridas y se recoge el picadillo en un bol.

6 Seguidamente, se agrega el vinagre, el aceite, una pizca de sal y otra de pimienta. Se condimentan con esta salsa las verduras que se han reservado en la ensaladera, se remueve y se sirve.

Espárragos con huevos duros y besamel gratinados

👤	4 personas
🕐	20 minutos
👨‍🍳	Fácil
$	Económico
⚖	210 calorías
🍾	Un vino tinto joven, Toro

1 manojo de 750 g de espárragos blancos y de grosor mediano
5 huevos duros
Sal

Para la salsa:
1 dl del caldo en el que se han cocido los espárragos
1 dl de crema de leche
25 g de mantequilla
10 g de harina
30 g de queso Emmental rallado
Nuez moscada
Sal
Pimienta

1 Se raspan y se lavan bien los espárragos. Se calienta 1/8 l de agua en la olla a presión y se sazona con un poco de sal.

2 Cuando se inicie la ebullición, se introducen los espárragos. Se tapa la olla y se cuece a presión máxima durante ocho minutos, contados desde el momento en que empiece a silbar.

3 Transcurrido este tiempo, se enfría rápidamente la olla, se espera a que el vapor haya salido y se abre.

4 Se disponen los espárragos en una fuente plana con las puntas hacia fuera, y sobre ellos se colocan rodajas de huevo duro.

5 Para realizar la salsa, se calienta la mantequilla en un cazo, se le añade la harina y se deja dorar. Se rocía con la crema de leche y el caldo de los espárragos. Por último, se sazona con sal, pimienta y nuez moscada.

6 Se cubre con esta el centro de la fuente, de manera que se vean las puntas de los espárragos, y se espolvorea con el queso rallado.

7 Se calienta el horno a 180 C y se mete la bandeja con los espárragos durante diez minutos.

8 Por último, se gratinan, y se sirven al momento.

Espinacas con carne

👤	6 personas
🕐	90 minutos
👩‍🍳	Media
$	Medio
⚖️	260 calorías
🍾	Un vino rosado, del Penedès

3 kg de espinacas
1 cebolla
100 g de queso rallado
Mantequilla

Para el Ragout:
200 g de carne picada
200 g de salchichas
2 cebollas
1/2 vaso de salsa de tomate
1 paquete y 1/2 de puré de patatas
3/4 l de leche o de agua
Mantequilla
Pimienta
Sal

1 Se lavan bien las espinacas bajo el chorro de agua. Se pican finamente y se colocan en la olla; se cubren con agua y se salpimentan.

2 Se tapa la olla y se dejan cocer, a presión mínima, durante tres minutos, contando desde el momento en el que empiece a sonar el silbido.

3 Transcurrido el tiempo de la cocción, se espera a que todo el vapor de agua haya salido de la olla, y se abre. Se escurren las espinacas.

4 A continuación, se calienta la mantequilla en la olla y se dora en ella una cebolla. Seguidamente se agregan las espinacas, se rehogan durante unos minutos y se retiran del fuego.

5 Se fríe la otra cebolla en mantequilla, se añade la carne y las salchichas, se saltea y se agrega el tomate y dos vasos de agua. Se vuelve a cerrar la olla y se deja cocer, a presión máxima, durante cuarenta y cinco minutos.

6 Mientras, se prepara el puré de patatas, se deja enfriar y se dispone encima de un trapo de cocina formando un cuadrado grande. Se coloca encima una capa de espinacas, se espolvorea con queso rallado y se forma un rollo.

7 Por último, se corta en rodajas sobre una fuente y se cubre con la carne. Se sirve al momento.

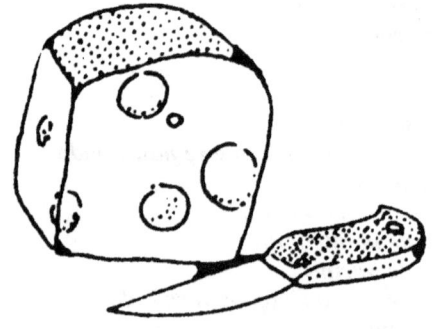

Garbanzos con espinacas

👤	6 personas
🕐	45 minutos
👨‍🍳	Fácil
$	Económico
⚖️	290 calorías
🍾	Un vino rosado, del Penedès

300 g de garbanzos
4 patatas grandes
3/4 kg de espinacas
5 cucharadas de aceite de oliva
4 dientes de ajo
3 tomates maduros
2 granos de pimienta
1 cucharada pequeña de pimentón
3 huevos duros
Sal

1 Después de haber estado 12 horas a remojo, se escurren los garbanzos y se introducen en la olla. Se cubren con agua y se salpimentan.

2 Se cierra la olla y se dejan cocer, a presión máxima, durante veinte minutos.

3 Finalizada la cocción, se espera a que haya salido todo el vapor, se abre la olla, se escurren los garbanzos y se reserva el caldo.

4 Se pone de nuevo la olla en el fuego con las cinco cucharadas de aceite, y se fríen en él tres dientes de ajo, partidos en láminas finas. Cuando comiencen a dorarse, se incorporan los tomates, pelados y rallados, y el pimentón.

5 Seguidamente, se agregan los garbanzos, rehogándolos durante unos tres minutos. Se incorporan también las espinacas limpias y picadas y las patatas peladas y troceadas.

6 Se machaca un diente de ajo en un mortero junto con los granos de pimienta y un poco de aceite. Se incorpora esta preparación al guiso y se añade el agua.

7 Por último, se vuelve a cerrar la olla y se cuece todo junto durante diez minutos más. Se enfría rápidamente y se abre; se vierte el contenido en una fuente honda y se sirve adornado con huevos duros picados.

Garbanzos a la riojana

👤	4 personas
🕐	40 minutos
👨‍🍳	Fácil
$	Económico
⚖️	250 calorías
🍾	Un tinto, Ribera del Duero

500 g de garbanzos
1 cebolla
1 hoja de laurel
200 g de chorizo de la Rioja
2 dientes de ajo
Perejil
1 cucharadita de pimentón dulce
2 huevos duros
Aceite de oliva
Sal

1 Se dejan en remojo los garbanzos durante 12 horas, y luego se escurren y se cubren con agua templada.

2 Se calienta 1 l y 1/2 de agua en la olla a presión, se añaden los garbanzos y el laurel.

3 En este momento, se cierra la olla y se cuece, a presión máxima, durante quince minutos, a partir del momento en que empiece a silbar.

4 Acabada la cocción, se espera a que todo el vapor haya salido de la olla y se abre.

5 Se sazonan los garbanzos al gusto, se vacía la olla y se pone a calentar en ella el aceite.

6 Se pela la cebolla, se pica fina y se fríe. Una vez dorada, se añade el chorizo cortado en rodajitas.

7 Mientras, se machaca en el mortero el ajo y el perejil y se agrega el pimentón dulce. Se diluye con un poco de caldo de cocer los garbanzos.

8 Se cortan los huevos duros por la mitad y se incorporan también a la olla, que en este momento se vuelve a cerrar; se cuece durante aproximadamente un par de minutos más.

9 Transcurrido este tiempo, se enfría lentamente y se abre.

10 Finalmente, se vierte el contenido de la olla en una bandeja de servir y se lleva a la mesa.

Guisantes con champiñones

👤	**6 personas**
🕐	**20 minutos**
👨‍🍳	**Fácil**
$	**Económico**
⚖	**230 calorías**
🍾	**Un vino rosado, del Penedès**

600 g de guisantes pelados
200 g de champiñones
2 zanahorias
1 lechuga
1 manojo de cebolletas
2 cucharadas de mantequilla
1/2 vaso de leche evaporada
Hinojo
Tomillo
Sal y pimienta

1 Para empezar, se limpian y se pican finamente todas las verduras (como precaución, se utilizarán solamente las hojas centrales).

2 Se colocan en la olla a presión, y se añade la mantequilla y la leche evaporada.

3 A continuación, se regula el punto de sal, se agrega un poco de tomillo y de hinojo, y se cierra la olla.

4 En este momento, se calculan doce minutos desde el silbido y se deja cocer todo a fuego suave. Finalizada la cocción, se espera a que el vapor haya salido y se abre la olla.

5 Se deja que se consuma el líquido, cociendo a fuego vivo durante tres minutos más con la olla destapada; se pasa todo a una cazuela de barro y se sirve caliente.

Guisantes a la hierbabuena

👤	4 personas
🕐	20 minutos
👨‍🍳	Fácil
$	Económico
⚖	250 calorías
🍾	Un vino tinto joven, Toro

1 kg de guisantes frescos o congelados
1 dl de vino blanco
2 ramas de menta fresca
25 g de mantequilla
1 manojo de cebollitas tiernas
Aceite
1 dl de crema de leche
Sal
Pimienta

1 Se trocean las cebollitas y se rehogan en el aceite que previamente habremos calentado en la olla junto con la mantequilla.

2 Se añaden los guisantes y se rocía con el vino. Se salpimenta al gusto y se agrega la hierbabuena (si los guisantes fuesen congelados, se añade también una cucharada de azúcar).

3 A continuación, se cierra la olla y se cuece, a presión mínima, durante seis minutos, contados desde el momento en que empiece a sonar el silbido.

4 Transcurrido el tiempo de cocción, se espera a que salga todo el vapor de agua de la olla y se abre. Se retiran las hierbas y se vuelca el contenido de la olla en una fuente de servir refractaria, previamente calentada.

5 Por último, se rocían con la crema de leche y se sirven.

Verduras y legumbres

Habas a la menta

👤	6 personas
🕐	40 minutos
👨‍🍳	Fácil
$	Económico
⚖	230 calorías
🍾	Un vino rosado, Cariñena

450 g de habas congeladas
1 puerro
3 ramitas de menta
3 cucharadas de aceite de oliva
Sal

1 Se lava con cuidado el puerro y se corta en rodajas finas. Se limpia también la menta y se pica.

2 A continuación, se calienta el aceite en la olla, se añaden las rodajas de puerro y se rehogan durante tres minutos, removiendo de vez en cuando.

3 Se incorporan las habas todavía congeladas y se dejan cocer durante dos minutos. Luego se sazona y se añade el picadillo de menta y medio vaso de agua caliente.

4 Se cierra la olla y se deja cocer, a fuego medio, durante ocho minutos, contados desde el momento en que empieza a silbar.

5 Acabada la cocción, se abre la olla una vez que ha salido todo el vapor. Se disponen las habas en una fuente, y se adornan con la menta fresca.

Primeros platos

Hinojos picantes

👤	6 personas
🕐	30 minutos
👨‍🍳	Fácil
$	Económico
⚖	190 calorías
🍾	Un tinto, Rioja Alta

1 kg y 1/2 de bulbos de hinojo
300 g de tomate triturado
100 g de aceitunas negras
1 cebolla
1 filete de anchoa
1 guindilla
2 dientes de ajo
Aceite de oliva
Sal

1 Se limpian bien los hinojos, eliminando la parte de los tallos y las hojas externas más duras y gruesas, así como la base. Se lavan bien, se corta cada uno en cuatro trozos y se cuecen en agua hirviendo con sal. Una vez cocidos, se disponen sobre un paño limpio que absorba el agua.

2 A continuación, se limpia y se pica la cebolla. Se pela el ajo y se rehoga en tres cucharadas de aceite. Se añade el filete de anchoa desmenuzado, la guindilla sin semillas y troceada y las aceitunas, deshuesadas y trituradas.

3 Se remueve todo bien y se cuece a fuego lento. Se añade el tomate triturado, se sazona y se cierra la olla. Se deja cocer durante quince minutos.

4 Se abre la olla, se colocan los hinojos en una fuente, se vierte la salsa caliente por encima y se sirven.

Judías blancas con carnero

👤	6 personas
🕐	60 minutos
👨‍🍳	Fácil
$	Medio
⚖	290 calorías
🍾	Un vino rosado, del Penedès

300 g de judías blancas
3/4 kg de paletilla o chuletas de carnero
4 cebollas
3 cucharadas de aceite de oliva
1 ramita de hierbas aromáticas
4 tazas de agua
Pimienta
Sal

1 Antes de empezar a preparar este plato, se dejan las judías en remojo durante veinticuatro horas, por lo menos. Transcurrido este tiempo, se calienta el aceite en la olla a presión y se rehogan en él las chuletas o los trozos de paletilla, junto con las cebollas peladas y cortadas finas.

2 Cuando empiecen a dorarse, se incorporan las judías, bien escurridas, y se rehogan también. Se añade la pimienta, el agua y el manojo de hierbas aromáticas.

3 En este momento, se calculan cuarenta minutos desde el momento en el que se empiece a oír el silbido, y se cuece a presión máxima.

4 Acabada la cocción, se espera a que todo el vapor de agua haya salido de la olla, y se abre. Se salpimenta, se vierte el contenido de la olla en una fuente de barro y se sirve al momento.

Judías blancas en ensalada

👤	6 personas
🕐	60 minutos
👨‍🍳	Fácil
$	Económico
⚖️	270 calorías
🍾	Un vino rosado, de Cariñena

300 g de judías blancas
4 granos de pimienta
1 cebolla
Aceitunas negras
1 lata pequeña de anchoas
1 limón
Aceite de oliva
Pimienta
Sal
Perejil

1 En primer lugar, se dispone agua en la olla a presión y se hierven las judías, con la olla cerrada, durante cuarenta minutos, contando desde el momento en el que comienza a silbar. Durante la cocción, se agrega la pimienta y se remueve bien.

2 Se prepara una vinagreta batiendo el aceite con el zumo de limón, la cebolla pelada y cortada bien fina y el perejil.

3 Transcurrido este tiempo, se enfría lentamente y se abre. Se escurren las judías y se ponen en una fuente.

4 Finalmente, se rocían con la vinagreta, se adornan con las aceitunas negras y las anchoas en rollos y se sirven.

Judías verdes guisadas

👤	6 personas
🕐	30 minutos
👨‍🍳	Fácil
$	Económico
⚖️	230 calorías
🍾	Un vino rosado del Penedès

1 kg de judías verdes
3 cucharadas de aceite
1 cebolla
1 tomate grande
5 huevos
1 taza de agua
Pimienta
Sal

1 Se limpian y se trocean las judías verdes. Se dispone el aceite en la olla a presión y se fríe en él la cebolla, pelada y cortada en tiras finas.

2 Cuando empiece a dorarse, se añade el tomate pelado y sin pepitas. Se mantiene así unos tres minutos y se agregan las judías, la sal, la pimienta y el agua.

3 A continuación, se cierra la olla y se cuece durante seis minutos, que se contarán desde el momento en el que empieza a sonar el silbido.

4 Transcurrido el tiempo de la cocción, se espera a que haya salido todo el vapor de la olla y se abre. Se escurren las judías y se colocan en una fuente.

5 Finalmente, se baten los huevos y se vierten sobre las judías; se mantienen al fuego, removiendo hasta que cuajen.

Lentejas estofadas a la burgalesa

👤	4 personas
🕐	40 minutos
👨‍🍳	Fácil
$	Económico
⚖️	230 calorías
🍾	Un tinto, Ribera del Duero

400 g de lentejas
1 cebolla
1 tomate
1 manojo de hierbas (laurel, tomillo, perejil)
2 morcillas
1/2 dl de aceite
Pimienta
Sal

1 En primer lugar, se escurren las lentejas que se habrán tenido en remojo durante doce horas. Se colocan en la olla junto con la cebolla pelada y troceada, el tomate entero (con un corte en forma de cruz), el atado de hierbas y el aceite. Se cubre todo con agua fría.

2 En este momento, se cierra la olla y se cuece, a presión máxima, durante diez minutos, contados, como siempre, desde el momento en el que empiece a sonar el silbido.

3 Transcurrido el tiempo de la cocción, se enfría rápidamente y se abre la olla. Se añaden las morcillas y se salpimenta al gusto.

4 A continuación, se cierra nuevamente la olla y se cuece, a presión mínima, durante dos minutos. Una vez finalizada la cocción, se enfría lentamente y se abre. Se vierte el contenido de la misma en una cazuela de barro y se sirve al momento.

Lentejas con tocino

👤	6 personas
🕐	45 minutos
👨‍🍳	Fácil
$	Económico
⚖️	300 calorías
🍾	Un vino rosado, del Penedès

1/2 kg de lentejas
300 g de panceta
3 cucharadas de aceite de oliva
1 grano de pimienta
1 cucharada de vinagre
4 tazas de agua fría
Sal

1 Primeramente, se disponen las lentejas y la pimienta en la olla a presión y se cubren con agua. Se cierra la olla y se cuecen, a presión máxima, durante treinta minutos, contando como siempre desde el momento en que empieza a escucharse el silbido.

2 Mientras, se calienta el aceite en una sartén y se fríe en él la panceta troceada.

3 Transcurrido el tiempo de la cocción, se enfría lentamente la olla y se abre. Se incorpora la panceta y se le da un hervor con la olla destapada. Se prueba y se sala al gusto.

4 Finalmente, se rocían las lentejas con el vinagre y se sirven calientes.

Menestra de verduras

👤	6 personas
🕐	30 minutos
👨‍🍳	Fácil
$	Medio
⚖	190 calorías
🍾	Un vino rosado, de Rioja

400 g de guisantes
200 g de habas
100 g de judías verdes
3 zanahorias
3 alcachofas
1/2 kg de coliflor
100 g de jamón
1 huevo duro
1 cebolla
1/2 vaso de vino blanco
1 pastilla de caldo
5 cucharadas de aceite de oliva
Pimienta
Sal

1 En primer lugar, se limpian y se pican todas las verduras. Se calienta aceite en la olla a presión y se fríe en él la cebolla, pelada y cortada en tiras, y el jamón, en trocitos.

2 Cuando empiecen a dorarse, se añaden los guisantes, las habas, las judías verdes, las zanahorias, las alcachofas y la coliflor. Se rehoga, se incorpora el vino y la pastilla de caldo disuelta en un vaso de agua.

3 A continuación, se salpimenta con precaución, pues el caldo ya lleva sal, y se cierra la olla. Se cuecen todas las verduras, a presión máxima, durante doce minutos, que se contarán desde el momento en que comience a hervir.

4 Transcurrido el tiempo de la cocción, se enfría la olla lentamente y se abre. Se escurren las verduras y se colocan en una cazuela de barro.

5 Por último, se adorna la cazuela con el huevo duro picado y se sirve.

Pastel de coliflor

👤	4 personas
🕐	45 minutos
👨‍🍳	Difícil
$	Económico
⚖	230 calorías
🍾	Un vino tinto joven, Toro

1 coliflor pequeña de unos 500 g
4 huevos
1 dl de crema de leche
100 g de jamón dulce
Nuez moscada
Sal
Pimienta

Para la salsa:
1/4 l de salsa de tomate

1 Para empezar, se limpia la coliflor y se trocea. Se calienta 1/4 l de agua con sal en la olla a presión y se disponen los trozos de coliflor en el cesto.

2 A continuación, se cierra la olla y se cuece durante cinco minutos, a presión mínima.

3 Transcurrido el tiempo de la cocción, se enfría rápidamente y se escurre la coliflor. Se bate junto con los huevos y la crema de leche, se salpimenta al gusto y se añade el jamón finamente cortado.

4 Se unta con mantequilla un molde redondo y se forra la base con papel de aluminio. Se dispone el molde sobre el soporte de la olla con 1/4 l de agua hirviendo.

5 Seguidamente, se cierra la olla y se cuece, a presión máxima, durante aproximadamente 20-30 minutos.

6 Finalizada la cocción, se espera a que todo el vapor haya salido de la olla y se abre. Se deja enfriar lentamente, se desmolda el pastel y se sirve cubierto de salsa de tomate.

Pisto con aceitunas

👤	6 personas
🕐	20 minutos
👨‍🍳	Fácil
$	Económico
⚖	240 calorías
🍾	Un vino rosado, de Cariñena

400 g de berenjenas
350 g de pimientos
350 g de calabacines
250 g de tomates
80 g de aceitunas deshuesadas
1 diente de ajo
Unas ramitas de albahaca
Aceite de oliva
Pimienta
Sal

1 En primer lugar, se limpian todas las verduras y la albahaca. Se cortan en dados las berenjenas (sin quitarles la piel), los calabacines y el pimiento. Se trocean también los tomates.

2 Se coloca el ajo en la olla a presión, se aplasta y se dora bien con aceite.

3 A continuación, se retira y se incorporan las verduras y las aceitunas. Se regula el punto de sal, se añade un poco de pimienta negra recién molida, se cierra la olla a presión y se pone a cocer a fuego lento.

4 En este momento, se calculan tres minutos desde el silbido y se abre la olla. Se deja que se consuma el líquido, cociendo a fuego vivo durante tres minutos más con la olla destapada.

5 Este plato se completa con albahaca desmenuzada. Se sirve al momento.

Pochas de otoño

👤	6 personas
🕐	60 minutos
👨‍🍳	Fácil
$	Económico
⚖	260 calorías
🍾	Un vino rosado, de Navarra

2 kg de pochas frescas con vainas
4 pimientos colorados
4 chorizos blandos
1 tomate maduro
1 cebolla
3 cucharadas de aceite de oliva
1 hoja de laurel
Pimienta
Sal

1 Se desgranan las pochas, se lavan y se disponen en la olla con una hoja de laurel. Se cubren de agua fría y se cuecen, con la olla destapada, durante quince minutos.

2 Mientras, se calienta aceite en una sartén aparte y se fríe en él la cebolla, pelada y picada finamente. Cuando empiece a dorarse, se añade el tomate y el pimiento, cortado en tiras, y se rehoga todo junto durante cinco minutos.

3 A continuación, se agrega este sofrito a las pochas y se incorporan también los chorizos enteros. Se cierra la olla y se cuece todo, a presión máxima, durante cuarenta minutos, contando desde el momento en que empieza a sonar el silbido.

4 Finalizada la cocción, se abre la olla, se rectifica la sal y se sirve.

Repollo estofado

👤	6 personas
🕐	30 minutos
👨‍🍳	Fácil
$	Medio
⚖	210 calorías
🍾	Un vino tinto joven, Valdeorras

800 g de repollo
1/2 vaso de vinagre blanco
1/2 vaso de vino blanco seco
2 hojas de laurel
1/2 cucharadita de semillas de comino
Sal

1 Se lavan las hojas de repollo, se escurren bien y se cortan en tiritas finas. Se disponen en la olla a presión y se riegan con el vinagre, el vino y 1,5 dl de agua.

2 A continuación, se añade la sal, el laurel y las semillas de comino. Se cierra la olla y se deja cocer todo, a presión máxima, por espacio de veinte minutos, contados desde el momento en el que empieza a silbar.

3 Acabada la cocción, se espera a que todo el vapor de agua haya salido de la olla, y se abre. Se prolonga la cocción cinco minutos más, con la olla destapada, para que el líquido de cocción se consuma.

4 Por último, se regula el punto de sal, se vierte el repollo en un plato y se sirve.

Samfaina con huevos revueltos y setas

👤	4 personas
🕐	45 minutos
👨‍🍳	Fácil
$	Económico
⚖	240 calorías
🍾	Un vino tinto joven, Toro

2 berenjenas
1 pimiento verde
2 pimientos rojos
2 cebollas
6 huevos
1/2 dl de vino blanco
300 g de tomates maduros o una lata de tomate natural pelado (500 g escurrido)
200 g de setas de cardo
Aceite
Sal y pimienta

Verduras al cilantro

[continuación]

1 Se pelan las verduras, se cortan en dados y se rehogan en la olla.

2 Se añade el tomate, se rocía con el vino, se cierra la olla y se cuece durante seis minutos. Aparte, se saltean las setas.

3 Se baten los huevos, se incorpora todo a la olla, se calienta y se sirve.

Verduras al cilantro

👤	6 personas
🕐	15 minutos
👨‍🍳	Fácil
$	Medio
⚖	190 calorías
🍾	Un vino tinto joven, Toro

500 g de zanahorias
170 g de col
2 cacitos de caldo
1 ramita de perejil
1/2 cucharadita de cilantro
40 g de mantequilla
Sal

1 Se lavan y se pican las zanahorias y la col. Se saltean en la mantequilla.

2 Se agrega el caldo caliente, las semillas de cilantro y una pizca de sal. Se cierra la olla. Se deja cocer, a presión máxima, durante cinco minutos.

3 Se abre la olla, se vierte el contenido en una fuente y se espolvorea con perejil. Se sirve.

Verduritas estofadas

👤	4 personas
🕐	45 minutos
👨‍🍳	Fácil
$	Medio
⚖	200 calorías
🍾	Un vino tinto joven, Toro

1 kg y 1/2 de guisantes con vaina
1 kg de habas con vaina
1/2 kg de alcachofas
6 hojas de lechuga
1 cabeza de ajos
100 g de tocino entreverado
1 cebolla tierna grande
1 tomate maduro
1 manojo de hierbas aromáticas (laurel, tomillo y perejil)
Sal
Pimienta
1 cucharadita de chocolate rallado
1 dl y 1/2 de vino blanco
200 g de butifarra negra
Aceite

1 Se desgranan las habas y los guisantes. Se pelan las alcachofas y se trocean. Se lavan las hojas de lechuga y se cortan en trocitos pequeños.

2 A continuación, se calienta el aceite en la olla a presión y se fríe en él el tocino cortado en tiritas. Se añade el resto de los ingredientes. Se salpimenta al gusto.

3 Se cierra la olla y se deja cocer todo, a presión mínima, durante siete minutos.

4 Se retiran las hierbas y las pieles del tomate, y se sirven las verduritas.

Segundos platos

Carnes y aves

Pescado y marisco

Carnes y aves

La carne ocupa un lugar importante en la dieta diaria. Se trata de un alimento de gran riqueza nutritiva, especialmente por su contenido en proteínas, de alto valor biológico.

También en este caso, se obtienen resultados excelentes cocinándolas en la olla a presión.

El grosor y la forma de la carne influyen enormemente en el tiempo de cocción. Dependiendo de la distribución de la grasa en el hueso, de la consistencia, el tamaño y el espacio que la carne ocupe en la olla, se empleará más o menos tiempo. Asados sin hueso, por ejemplo, requieren más tiempo para cocerse que los que tienen hueso. Pedazos cortos y gruesos también necesitan más tiempo.

Casi todas las carnes que se preparan en la olla a presión deben dorarse más que las guisadas según el método tradicional, ya que al cocerse herméticamente pierden color. Una vez se ha dorado la carne por ambos lados, se retirará y se preparará la salsa deseada empleando la misma grasa.

Ya que la olla se cierra herméticamente y apenas se produce evaporación, es importante poner poca cantidad de caldo, vino u otro líquido.

La cocción en la olla a presión resulta también excelente para las aves y piezas de caza, que quedan mucho más tiernas y melosas. También es importante llevar a cabo una maceración previa, así como escurrir la carne muy bien antes de dorarla para que resulte con mejor color.

Al igual que con las carnes, las aves también tienen que dorarse mucho antes de añadir los demás ingredientes a la olla, ya que mediante la cocción de cierre hermético, su piel se ablanda y el aspecto al final no será muy bueno. Además de dorarla mucho, hay que tener la precaución, una vez guisada la pieza, de introducirla durante unos minutos en el horno (en la misma bandeja en que se va a servir) para que quede más crujiente y algo más dorada. La temperatura del horno será de 230 C.

Bocaditos de carne con setas

👤	4 personas
🕐	40 minutos
	Fácil
$	Medio
	350 calorías
	Un tinto, Rioja de crianza

1/2 kg de carne de ternera
400 g de polenta ya preparada
150 g de champiñones
30 g de setas secas
1 cebolla
1 zanahoria
1 tallo de apio
150 g de tomate pelado troceado
1 hoja de laurel
1 diente de ajo
2 dl de vino tinto
Harina
30 g de mantequilla
Aceite de oliva
Pimienta
Sal

1 Se pela y lava la cebolla, la zanahoria y el apio, y se pican juntos. Se dejan en remojo en agua templada las setas secas, se escurren y se pican. Se pela el ajo y se pica también.

2 A continuación, se calientan en la olla a presión dos cucharadas de aceite y la mantequilla y se rehogan en ella las verduras y las setas picadas. Se corta en dados la carne, se enharina y se incorpora a la olla, donde se dora ligeramente.

3 Después, se rocía con el vino tinto y, en cuanto este se haya evaporado, se añade el tomate y el laurel. Se salpimenta al gusto. Se cierra la olla y se deja cocer durante quince minutos desde que comienza a silbar.

4 Mientras tanto, se limpian bien los champiñones y se trocean. Se calienta el resto del aceite en una sartén, se añade el ajo y las setas, se sazona y se dejan cocer.

5 Finalizada la cocción, se espera a que salga todo el vapor de la olla y se abre. Se añaden las setas, se remueve bien y se dejan cocer con la olla destapada durante unos minutos.

6 Por último, se pasa la polenta, cortada en rodajas, por la parrilla bien caliente.

7 Se sirve la carne caliente, acompañada de la salsa y de la polenta.

Segundos platos

Bocaditos de ternera

👤	4 personas
🕐	40 minutos
👨‍🍳	Fácil
$	Económico
⚖	320 calorías
🍾	Un vino tinto varietal, Cabernet

750 g de carne de ternera
2 dl de caldo
1 dl de nata líquida
1 cebolla
0,7 dl de vino blanco seco
1/2 cucharada de harina
Aceite de oliva
Pimienta verde en grano
Sal

1 En primer lugar, se corta la carne de ternera en pedacitos. Se pela la cebolla y se pica.

2 Se calientan tres cucharadas de aceite en la olla a presión, y se rehoga en él el picadillo de cebolla. Se incorporan los pedacitos de carne, se sube la llama y se doran removiendo con frecuencia.

3 Después, se espolvorea con harina, se riega con el vino y se remueve bien.

4 En cuanto se haya evaporado el vino, se añaden dos cucharadas de pimienta verde y el caldo hirviendo y se remueve de nuevo. Se cierra la olla a presión y se deja cocer durante veinte minutos, contados desde el momento en que suene el silbido.

5 Al final de la cocción, se añade la nata, se corrige el punto de sal, se remueve y se dejan cocer unos minutos más los bocaditos de ternera con la olla destapada, para obtener una salsa densa. Se sirven muy calientes.

Callos aromáticos

👤	4 personas
🕐	40 minutos
👨‍🍳	Fácil
$	Medio
⚖	350 calorías
🍾	Un vino tinto, Rioja Alta

1 kg de callos de ternera
300 g de tomate triturado
1 zanahoria
1 cebolla
1 tallo de apio
1 diente de ajo
30 g de setas secas
Perejil
2 vasos de caldo
1/2 vaso de vino blanco seco
5 cucharadas de aceite de oliva
Sal
Pimienta

1 Se lavan bien los callos y se cortan en tiras.

2 A continuación, se ponen en remojo las setas en agua templada. Se limpia y pica finamente el apio, la zanahoria y la cebolla.

3 Se pone todo este picadillo en la olla junto con el aceite y el diente de ajo y se sofríe a fuego moderado.

4 Seguidamente, se añaden los callos, se rocía con el vino y se dejan transcurrir unos instantes hasta que este se evapore.

5 En este momento, se agrega el tomate triturado, las setas picadas y escurridas y el caldo. Se salpimenta al gusto y se cierra la olla. Se cuece durante treinta minutos, que se contarán desde el momento en que suene el silbido.

6 Mientras tanto, se limpia y se pica finamente el perejil.

7 Una vez finalizada la cocción, se deja que salga todo el vapor de la olla a presión. Se abre, se remueve todo bien y se prosigue la cocción unos minutos más con la olla destapada.

8 Por último, se colocan los callos en una fuente de servir, se espolvorean con el perejil picado y se sirven.

Carne de cerdo asada con manzanas y ciruelas

👤	6 personas
🕐	45 minutos
👨‍🍳	Fácil
$	Caro
⚖	350 calorías
🍾	Un vino blanco seco, Ribeiro

800 g de carne magra de cerdo, en un trozo y atada para asar
1 dl de vino tinto
1/2 dl de vino rancio
50 g de azúcar
350 g de ciruelas pasas
1/2 kg de manzanas
30 g de mantequilla
Aceite de oliva
Sal
Pimienta

1 Primeramente, se maceran las ciruelas con el vino rancio. Se calienta el aceite en la olla a presión y se dora en él la carne por ambos lados.

2 Una vez dorada, se espolvorea con azúcar y se deja dorar un poco más; se rocía con el vino tinto y el vino rancio de la maceración.

3 A continuación, se cierra la olla y se deja cocer, a presión máxima, durante veinte minutos, contados a partir del momento en que empiece a sonar el silbido.

4 Finalizada la cocción, se enfría rápidamente la olla y se abre. Se pelan las manzanas y se cortan en trozos bastante gruesos. Se doran los trozos de manzana con la mantequilla.

Segundos platos

5 Se incorporan a la olla las ciruelas y las manzanas. Se cierra nuevamente y se cuece durante cuatro minutos más a presión máxima. Se rebaja la presión lentamente y se abre la olla.

6 Finalmente, se sirve la carne cortada con las frutas alrededor y cubiertas con la salsa.

Carne de ternera estofada

👤	4 personas
⏲	30 minutos
👨‍🍳	Fácil
$	Caro
⚖	400 calorías
🍾	Un vino blanco seco, Ribeiro

750 g de carne de ternera o buey
2 tomates
1 cebolla
50 g de tocino entreverado fresco
1 atado de hierbas aromáticas (laurel, tomillo, perejil)
1 zanahoria
3 dientes de ajo
250 g de guisantes
25 g de manteca de cerdo
1/2 kg de patatitas
1 dl de vino tinto
Aceite de oliva
Sal
Pimienta

1 Se corta la carne a daditos regulares. Se calienta la manteca de cerdo en la olla a presión y se dora el tocino. Se reserva aparte, en un lugar caliente, pero que no sea el horno, pues podría resecarse.

2 A continuación, se doran los trozos de carne, previamente salpimentados, en la misma grasa que ha quedado en la olla. Se añaden los ajos picados y la cebolla pelada y picada fina. Se deja dorar y se agrega el tomate rallado, la zanahoria y el atado de hierbas.

3 Seguidamente, se rocía con el vino, se cierra la olla y se deja cocer, a presión máxima, durante diez minutos, contados a partir del momento en que empiece a sonar el silbido.

4 Finalizada la cocción, se enfría rápidamente y se destapa la olla. Se rectifica la sal y se agregan las patatas y los guisantes.

5 Se cierra nuevamente y se cuece durante cinco minutos más a presión mínima. Se rebaja la presión lentamente y se abre la olla.

6 Por último, se vierte el contenido en una fuente previamente calentada y se sirve enseguida.

Cerdo al vino

👤	4 personas
🕐	30 minutos
👨‍🍳	Fácil
$	Medio
⚖	340 calorías
🍾	Un Cabernet Sauvignon

300 g de lomo de cerdo
200 g de salchichas
1 cebolla
1 hoja de laurel
Semillas de comino
1 dl de vino tinto
Aceite de oliva
Sal

1 Se pelan las salchichas y se cortan en rodajas gruesas. Se corta también el lomo en trozos. Se pela la cebolla, se pica y se dora en la olla a presión con tres cucharadas de aceite.

2 A continuación, se añade el lomo y las salchichas y se deja que se doren durante unos minutos, sin dejar de remover.

3 Se incorpora el vino, la hoja de laurel y una cucharadita de semillas de comino. Se sala al gusto y se remueve.

4 Se cierra la olla y se deja cocer todo durante cinco minutos, contados desde el momento en el que empiece a sonar el silbido.

5 Finalizada la cocción, se espera a que el vapor haya salido y se abre la olla. Se coloca el lomo y las salchichas en los platos y se rocían con el jugo de la cocción. Se sirve caliente.

Civet de liebre

👤	4 personas
🕐	45 minutos
👨‍🍳	Difícil
$	Caro
⚖	400 calorías
🍾	Un Cabernet Sauvignon

1 liebre joven de 2 kg

Para la maceración:
1 cebolla grande
1 rama de apio
Perejil
1 diente de ajo
1 hoja de laurel
2 clavos
6 granos de pimienta negra
1/2 dl de vino tinto
El zumo de medio limón

Para la salsa:
La sangre que se haya podido recoger
  de la liebre
100 g de tocino entreverado
30 g de manteca de cerdo
Aceite
25 g de harina
Las verduras y el vino de la maceración
Sal
Pimienta

1 Uno o dos días antes de la preparación de este plato, se deja en maceración la liebre, troceada, con el vino y los demás ingredientes cortados pequeños. Se reserva en el frigorífico y se remueve constantemente.

2 El día de la preparación, se escurre la carne, se seca bien con papel de cocina y se salpimenta. Se pasa ligeramente por harina y se fríe en la olla a presión con la

Segundos platos

manteca de cerdo y el aceite, calientes. Una vez dorada, se reserva en un lugar caliente.

3 A continuación, se corta el tocino en tiras, se fríe en la grasa que ha quedado en la olla y se reserva.

4 Se añaden las verduras de la maceración, bien escurridas.

5 Después, se agrega la harina, se rocía con el vino y se deja cocer unos minutos con la olla destapada. Se cuela la salsa.

6 Seguidamente, se dispone de nuevo la liebre y el tocino en la olla.

7 Se cubre con la salsa, se salpimenta y se agrega el hígado machacado y la sangre cruda, diluido todo ello con un poco de salsa.

8 En este momento, se tapa la olla y se deja cocer, a presión máxima, durante veinticinco minutos, contados desde el momento en el que empiece a sonar el silbido.

9 Acabada la cocción, se espera a que el vapor haya salido de la olla y se abre.

10 Si al abrir la olla la carne resulta todavía algo dura, se vuelve a cerrar y se cuece unos cinco o seis minutos más.

11 Por último, se enfría rápidamente y se vierte el contenido de la olla en una cazuela de barro.

12 Este plato se sirve caliente.

Conejo con cebollas y pan tostado

👤	6 personas
🕐	40 minutos
👨‍🍳	Fácil
$	Caro
⚖️	420 calorías
🍾	Un vino tinto, Rioja Alta

1 conejo de 1 kg y 1/2, aproximadamente, ya limpio
200 g de tomate triturado
3 cebollas
1 diente de ajo
1 cubito de caldo
3 ramitas de tomillo
1 ramita de perejil
6 rebanadas de pan de molde
1/2 vaso de vino blanco seco
Aceite de oliva
Pimienta
Sal

1 El primer paso consiste en trocear el conejo. Se limpia y se lava el tomillo, y se pela el ajo.

2 A continuación, se calientan tres cucharadas de aceite en la olla a presión y se doran en él los trozos de conejo. Se salpimenta al gusto y se añade el tomillo y el ajo. Se riega con el vino, se añade el cubito desmenuzado y el tomate triturado.

3 Después, se cierra la olla a presión y se cuece todo durante veinte minutos, contados a partir del momento en que comienza a sonar el silbido.

4 Mientras tanto, se lava y se pica el perejil. Se pelan las cebollas, se cortan en aritos y se fríen en una sartén con abundante aceite. Se dejan escurrir sobre una hoja de papel blanco de cocina y se reservan en un lugar caliente. Se parten las rebanadas de pan de molde por la mitad, en forma de triángulo, y se tuestan.

5 Acabada la cocción, se espera a que salga todo el vapor de la olla y se abre. Se vierte el conejo sobre una fuente, se espolvorea con el picadillo de perejil y se le van colocando los aritos de cebolla alrededor. Este plato se sirve al momento, acompañado con el pan tostado.

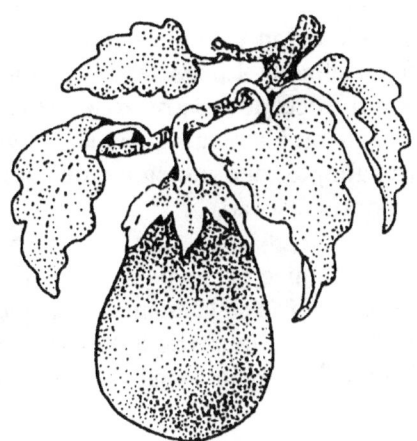

Conejo de corral guisado con berenjenas

👤	4 personas
🕐	45 minutos
🎩	Difícil
$	Caro
⚖	370 calorías
🍾	Un Cabernet Sauvignon

1 conejo de 1 kg

Para la salsa:
1 cebolla grande
10 g de harina
2 cucharadas de salsa de tomate
1 hoja de laurel
1/2 dl de vino tinto
2 dl de agua
1/2 hígado de conejo
25 g de almendras tostadas
1 diente de ajo
Sal
Pimienta

Guarnición:
2 berenjenas, cortadas por la mitad y cada mitad cortada a su vez longitudinalmente en cuatro trozos
Harina
Aceite

1 En primer lugar, se sazonan las berenjenas, se pasan por harina y se doran en la olla a presión con tres cucharadas de aceite. Se reservan aparte, en un lugar caliente.

2 A continuación, se fríe el conejo, troceado y salpimentado, en la grasa que ha quedado en la olla. Se dora bien por ambos lados y se reserva.

3 Seguidamente, se fríe la cebolla picada y, una vez dorada, se añade la harina y se deja dorar también. Se agrega la salsa de tomate, el laurel, el vino, el agua y los trozos de conejo.

4 Mientras, se machacan las almendras en el mortero junto con el ajo y el hígado frito. Se diluye con un poco de agua y se añade al guiso.

5 En este momento, se cierra la olla y se deja cocer, a presión máxima, durante doce minutos, contados desde el momento en el que empiece a sonar el silbido.

6 Acabada la cocción, se espera a que el vapor haya salido de la olla y se abre. Se añaden las berenjenas, se vuelve a tapar y se cuece otra vez durante un minuto. Se rebaja la presión lentamente hasta observar que todo el vapor de agua haya salido y se abre. Se vierte el contenido de la olla en una fuente refractaria y se sirve caliente.

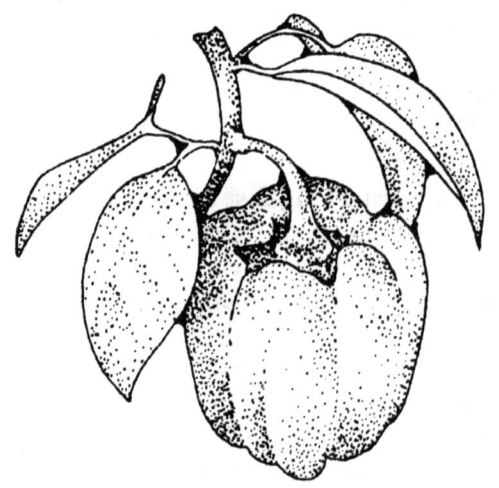

Cordero a la chilindrón

👤	6 personas
🕐	45 minutos
👨‍🍳	Fácil
$	Caro
⚖	370 calorías
🍾	Un vino blanco seco, Ribeiro

1 paletilla de cordero troceada
100 g de jamón
1 cebolla grande
2 pimientos rojos
1 pimiento verde
3 tomates maduros
1 diente de ajo
Perejil
Aceite de oliva
Sal
Pimienta

1 Se comienza calentando el aceite en la olla a presión y se dora en él la carne por ambos lados. Luego se añade el ajo y el perejil troceados. Se reserva aparte, en una fuente previamente calentada, o en un lugar caliente, que nunca será el horno, pues podría resecarse.

2 A continuación, se pela la cebolla, se pica fina y se fríe en la misma grasa que ha quedado en la olla. Se deja dorar y seguidamente se agregan los pimientos cortados en tiras.

3 Una vez dorados, se añade el jamón troceado y los tomates rallados. Se deja reducir. Se dispone nuevamente la carne en la olla a presión y se deja cocer, a presión máxima, durante diez minutos, contados a partir del momento en que empiece a sonar el silbido.

4 Finalizada la cocción, se enfría lentamente mediante el desvaporizador, y se destapa la olla. Se vuelca el contenido en una fuente previamente calentada y se sirve el cordero al momento.

Estofado mixto al limón

👤	4 personas
🕐	40 minutos
👨‍🍳	Fácil
$	Económico
⚖	360 calorías
🍾	Un vino tinto ligero, Beaujolais

4 muslos de pollo de 100 g cada uno
300 g de chuletas de cordero
200 g de guisantes congelados
1 puerro
1 limón
1 cazo de caldo
1/2 vaso de vino blanco seco
3 cucharadas de aceite de oliva
Pimienta
Sal

1 En primer lugar, se deshuesan los muslos de pollo, se les quita la piel y se cortan en trocitos. Por otra parte, se limpian de grasa y de piel las costillas de cordero. Se lava el puerro y se corta en aritos.

2 A continuación, se rehogan los aros de puerro en aceite en la olla a presión. Se añaden los trozos de pollo y las chuletas de cordero, y se deja que se vayan dorando a fuego lento.

3 Seguidamente, se riegan con medio vaso de vino blanco y se deja que este se evapore. Se añade a la olla el caldo caliente y los guisantes congelados, se salpimenta y se cierra. Se deja cocer durante quince minutos desde que suene el silbido.

4 Mientras tanto, se exprime el limón y se cuela el zumo.

5 Acabada la cocción, se abre la olla, se riega el estofado con el zumo del limón, se remueve todo bien y se vierte sobre una fuente. Se sirve bien caliente.

Estofado de pollo a la soja

👤	6 personas
🕐	20 minutos
👨‍🍳	Fácil
$	Económico
⚖	360 calorías
🍾	Un vino tinto ligero, Beaujolais

1 kg y 1/2 de muslos de pollo, con su hueso
1 puerro
1 pimiento
2 calabacines
1 cebolla
1 vasito de brotes de soja
Salsa de soja
Unas hebras de cebollino
Aceite de oliva
Sal

1 Para empezar, se lavan las verduras, reservando el cebollino, y se cortan en pequeños dados. Se calientan tres cucharadas de aceite en la olla a presión y se doran en él, sin dejar de remover en ningún momento.

2 A continuación, se trocean los muslos de pollo, se añaden al sofrito y se les da la vuelta varias veces para que adquieran un color uniforme. Se salan ligeramente.

3 En este momento, se cierra la olla y se deja que cueza, a presión máxima, durante trece minutos, contando desde el momento en que suene el silbido.

4 Finalizada la cocción, se espera a que haya salido todo el vapor de la olla, y se abre. Se añaden los brotes de soja bien escurridos del líquido de conservación, un chorrito de salsa de soja y se remueve bien, dejando que se calienten.

5 Por último, se limpia, lava y desmenuza el cebollino. Se dispone el guiso en una fuente, se espolvorea con el picadillo de cebollino, y se sirve.

Fardelillos de carne con setas

👤	4 personas
🕐	45 minutos
👨‍🍳	Difícil
$	Caro
⚖	420 calorías
🍾	Un vino blanco seco, Ribeiro

600 g de carne de ternera cortada troceada fina
Sal
Pimienta

Para el relleno:
30 g de queso Emmental, rallado
250 g de carne picada de ternera o de cerdo
1 huevo crudo
1 huevo duro
1 cebollita
30 g de **foie-gras**
1 cucharadita de mostaza
1/2 dl de vino rancio

Para la salsa:
1 cebolla
1 cucharada de tomate concentrado
2 dl de agua
25 g de avellanas tostadas
250 g de setas (champiñones o setas de cardo)
1 atado de hierbas aromáticas (laurel, tomillo, perejil)
20 g de harina
2 dl de vino tinto
1/2 pastilla de caldo concentrado
Aceite de oliva
Sal
Pimienta

1 En primer lugar, se aplana la carne sobre el mármol de la cocina y se salpimenta. Se mezcla la carne picada con el queso rallado, el huevo crudo, el huevo duro picado, la cebollita picada, el vino rancio, el *foie-gras* y la mostaza.

2 Se salpimenta y se reparte este relleno sobre los trozos de carne; se enrollan y se sujetan en un hilito. Se calienta aceite en la olla a presión y se doran, enharinándolos previamente. Se reservan aparte, en un lugar caliente (aunque no en el horno, pues podrían resecarse).

3 A continuación, se fríe la cebolla, cortada en láminas, en la misma grasa que ha quedado en la olla. Una vez dorada, se añade la harina. Se deja dorar también y se agrega el tomate. Se rocía con el vino, el caldo y se agregan las hierbas aromáticas.

4 Seguidamente, se disponen los fardelillos en la olla, se tapa y se deja cocer, a presión máxima, durante diez minutos, contados a partir del momento en que empiece a sonar el silbido.

5 Finalizada la cocción, se enfría lentamente y se destapa la olla. Se retiran los fardelillos de la olla, se pasa la salsa por el colador chino y se agregan las avellanas picadas y las setas, cortadas en láminas y previamente salteadas, a fuego vivo, con un poco de aceite.

6 Por último, se vuelven a introducir los fardelillos en la olla y se cuecen, a fuego suave, durante cinco minutos, con la olla destapada. Se colocan en una fuente precalentada y se sirven enseguida, aliñados con la salsa de setas por encima.

Fricasé de pollo con verduras

👤	4 personas
🕐	40 minutos
👨‍🍳	Difícil
$	Caro
⚖	260 calorías
🍾	Un tinto, Merlot del Penedès

500 g de pechuga de pollo cortada en daditos
200 g de espárragos enlatados
120 g de guisantes enlatados
2 escalonias
1 cucharada de salvia, tomillo, mejorana, romero y perejil picados
350 g de arroz
1/2 cebolla
1/2 l de caldo de carne
1 vasito de vino blanco
5 cucharadas de queso rallado
100 g de mantequilla
Pimienta
Sal

1 En primer lugar, se pelan y pican finamente las escalonias y se fríen en una cacerola con 30 g de mantequilla. Se añaden los daditos de pollo y se fríen en ella durante diez minutos.

2 A continuación, se pela y pica la cebolla y se sofríe en 30 g de mantequilla en la olla a presión. Se añade el arroz, se mezcla bien y se agrega 1 l y 1/4 de caldo. Se tapa la olla y se cuece durante ocho minutos, contados a partir del silbido.

3 Mientras el arroz cuece, se salpimentan los dados de pollo, se rocían con el vino y se espera a que este se evapore. Se añaden los espárragos, escurridos y cortados en trocitos, los guisantes y el caldo caliente restante. Se tapa y se cuece durante quince minutos.

4 Después, se retira del fuego la olla a presión, se destapa y se rectifica la sal. Se añaden 20 g de mantequilla y el queso y se mezcla todo bien.

5 Seguidamente, se precalienta el horno a 220 C. Se engrasa un molde de corona con la mantequilla restante, se vierte en él el arroz y se hornea durante diez minutos.

6 Se retira el arroz, se desmolda sobre una fuente de servir, se pone en el centro el fricasé, se espolvorea con las hierbas picadas y se sirve inmediatamente.

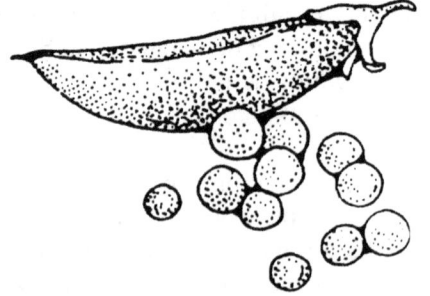

Jarretes de cordero asado con guisantes

👤	4 personas
🕐	45 minutos
👨‍🍳	Difícil
$	Caro
⚖	340 calorías
🍾	Un vino blanco seco, Ribeiro

4 jarretes de cordero, enteros y con el hueso
1 cebolla grande
1 tomate pelado
1 zanahoria mediana
1 atado de hierbas aromáticas (laurel, perejil y tomillo)
1 dl y 1/2 de vino tinto
1/4 de pastilla de extracto de carne
200 g de guisantes desgranados
1/2 kg de patatitas
Aceite de oliva
Sal
Pimienta

1 Para empezar, se calienta el aceite en la olla a presión y se doran los jarretes por ambos lados.

2 Una vez dorados, se reservan aparte, en una fuente previamente calentada, o en un lugar caliente, que nunca será el horno, pues podrían resecarse.

3 A continuación, se pela la cebolla, se pica fina y se fríe en la misma grasa que ha quedado en la olla. Se deja dorar y seguidamente se agrega la zanahoria también cortada en láminas finas.

4 Una vez dorada, se añade el tomate troceado y el atado de hierbas. Se deja reducir. Se dispone nuevamente la carne en la olla a presión y se rocía con el vino, en el que se habrá diluido el extracto de carne.

5 En este momento, se tapa la olla y se deja cocer, a presión máxima, durante quince minutos, contando desde el momento en el que empiece a sonar el silbido.

6 Finalizada la cocción, se enfría rápidamente la olla y se destapa. Se pasa la salsa por el pasapurés y se añaden los guisantes.

7 Si se observa que la carne no está todavía bien cocida, se vuelve a cerrar la olla y se deja cocer cinco minutos más, a presión mínima.

8 Mientras, se pelan y lavan las patatas y se cortan en dados. Se fríen en aceite y se incorporan al guiso en el momento de servirlo.

Lomo asado cuatro sabores

👤	**6 personas**
🕐	**45 minutos**
👨‍🍳	**Fácil**
$	**Caro**
⚖	**420 calorías**
🍾	**Un vino blanco seco, Ribeiro**

700 g de lomo de cerdo, en una pieza
2 tomates
2 cebollas
1 hoja de laurel
1 zanahoria
2 dl de vino tinto
1 copita de coñac
Aceite de oliva
Sal
Pimienta

Guarnición:
75 g de jamón dulce (cortado grueso)
150 g de champiñones
100 g de mortadela
100 g de pepinillos en vinagre

1 En primer lugar, se calienta el aceite en la olla a presión. Se salpimenta la carne y se dora por ambos lados en la olla. Se reserva aparte, en un lugar caliente, aunque no en el horno, pues podría resecarse.

2 A continuación, se doran las cebollas, previamente cortadas en láminas, en la misma grasa que ha quedado en la olla.

3 Se rocían con el vino y el coñac y se agrega nuevamente la carne. Se cierra la olla y se deja cocer, a presión máxima, durante veinte minutos, contados a partir del momento en que empiece a sonar el silbido.

4 Finalizada la cocción, se enfría lentamente y se destapa la olla. Se retira la carne y se pasa la salsa por la batidora. Se corta el jamón en dados, así como la mortadela y los pepinillos.

5 Seguidamente, se limpian los champiñones, se cortan en láminas finas, y se saltean, a fuego vivo, con un poco de aceite. Se agregan a la salsa de la carne y se dejan cocer nuevamente en la olla durante cinco minutos, a presión mínima y con la olla destapada.

6 Finalmente, se vierte el contenido de la olla en una fuente precalentada y se sirve el lomo cortado en rodajas con la salsa por encima.

Manos de cerdo con piñones y guisantes

👤	4 personas
🕐	45 minutos
👨‍🍳	Difícil
$	Caro
⚖	420 calorías
🍾	Un vino blanco seco, Ribeiro

2 manos de cerdo

Caldo para la cocción de las manos:
1/2 l de agua
1 cebolla cortada
Perejil
1 hoja de laurel
Tomillo
1/2 dl de jerez

Para la salsa:
1 cebolla
2 tomates maduros
1 diente de ajo
Perejil
1 rebanada de pan frito
5 hebras de azafrán
30 g de piñones
250 g de guisantes desgranados
1 dl y 1/2 de vino blanco
Aceite de oliva
Sal
Pimienta

1 Se calienta el agua y los demás ingredientes para la cocción de las manos en la olla a presión. Se agregan las manos y se cuecen, a presión máxima, durante veinticinco minutos, contando desde el momento en que empiece a sonar el silbido.

2 Finalizada la cocción, se enfría lentamente y se destapa la olla. Se retira el contenido, se escurre y se reserva aparte.

3 A continuación, se calienta aceite en la olla y se fríe en él la cebolla picada. Una vez dorada, se incorporan los tomates rallados, se dejan cocer y se rocía con el vino blanco y un poco del caldo de cocer las manos. Se salpimenta al gusto.

4 Mientras, se machacan en el mortero el ajo, el perejil, el azafrán y la rebanada de pan. Se agrega esta picada a la salsa, se deja que empiece a hervir y se disponen nuevamente las manos de cerdo en la olla, junto con los piñones y los guisantes.

5 Se vuelve a cerrar la olla y se cuece todo, a presión mínima, durante cinco minutos. Transcurrido este tiempo, se rebaja lentamente la presión, se espera a que salga todo el vapor y se abre la olla.

6 Por último, se sirve al momento en una fuente precalentada.

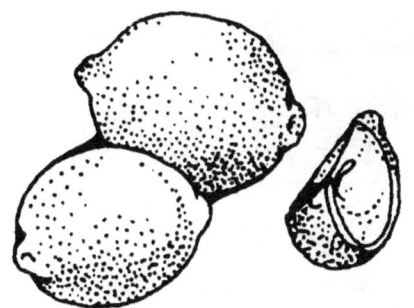

Muslos de pollo con setas

👤	4 personas
🕐	40 minutos
🎩	Fácil
$	Medio
⚖	390 calorías
🍾	Un vino tinto joven, Penedès

4 muslos de pollo (en total unos 600 g)
100 g de champiñones
60 g de panceta
50 g de jamón serrano, en una loncha
10 g de setas secas
1 zanahoria pequeña
1 cebolla
1 tallo de apio
1/2 limón
Harina
1 hoja de laurel
2 clavos
Vino Marsala seco
20 g de mantequilla
Sal
Pimienta

1 Se limpian los champiñones de posibles restos de tierra y se sumergen en un bol con agua acidulada con zumo de limón. Seguidamente, se ponen las setas secas a remojo en agua templada.

2 Se limpia el apio, la zanahoria y la cebolla y se pican. Se pica la panceta y el jamón. Se enjuagan las setas secas, se escurren y se pican, junto con los champiñones bien escurridos.

3 Después, se chamuscan, se lavan y se secan los muslos de pollo, y se enharinan. Se funde la mantequilla en la olla a presión y se rehoga en ella el picadillo de verduras.

4 Se añade el picadillo de jamón y se sofríe todo durante unos minutos, sin tapar la olla. Se incorporan los muslos de pollo, se riega con un vasito de Marsala seco y se deja que se evapore. Se agregan las setas picadas, la hoja de laurel y el clavo.

5 En este momento, se riega con un cazo de agua caliente, se cierra la olla y se deja cocer durante diez minutos, contados a partir del momento en que suene el silbido.

6 Finalizada la cocción, se espera a que el vapor haya salido de la olla y se abre. Se retiran el laurel y los clavos, se colocan los muslos sobre una fuente, se riegan con la salsa y se sirven.

Osobuco con verduras

👤	**6 personas**
🕐	**30 minutos**
👨‍🍳	**Fácil**
$	**Caro**
⚖	**420 calorías**
🍾	**Un tinto, Merlot del Penedès**

4 trozos de osobuco de ternera
1 zanahoria
1 cebolla
1 tallo de apio
Harina
1/2 cubito de caldo
1 ramita de perejil
1/2 vaso de vino blanco
Aceite de oliva

1 Para empezar, se lava y se pica el perejil. Se trocean las verduras, y se reho-

gan en unas cucharadas de aceite en la olla a presión.

2 Mientras tanto, se enharinan los trozos de osobuco y se doran en una sartén con aceite.

3 A continuación, se dispone la carne en la olla a presión. Se recubre con el picadillo de verduras y se añade el cubito de caldo desmenuzado, media cucharada de perejil y el vino.

4 Seguidamente, se cierra la olla y se deja cocer durante veinte minutos, contados a partir del silbido.

5 Acabada la cocción, se espera a que salga todo el vapor de la olla y se abre. Se saca la carne y se coloca en una fuente refractaria calentada previamente. Se vierte por encima la salsa de cocción y se sirve caliente.

Panecillos rellenos

👤	6 personas
🕐	40 minutos
👨‍🍳	Fácil
$	Económico
⚖️	320 calorías
🍾	Un vino rosado, Cigales

6 panecillos pequeños
200 g de pechuga de pollo picada
2 patatas
4 cucharadas de queso rallado
40 g de mantequilla
1 ramita de perejil
Nuez moscada
300 g de tomates pelados
10 g de alcaparras en vinagre
1 guindilla
100 g de ketchup
1 cucharada de aceite de oliva
Sal
Pimienta

1 Se lavan las patatas y se colocan en la olla con medio vaso de agua con sal. Se cierra la olla y se deja cocer, a presión máxima, durante quince minutos, contados desde el momento en que empiece a sonar el silbido.

2 Mientras, se pican finamente las alcaparras, bien escurridas, y se saltean en una cazuela con el aceite y la guindilla. Se añaden los tomates pelados y el ketchup, se espera a que hierva y se deja cocer, a fuego lento, con la cazuela destapada.

3 Acabada la cocción en la olla, se enfría rápidamente, colocando la válvula en posición de desvaporización. Se escurren las patatas, se pelan y se pasan por el pasapurés.

4 Después, se recoge el puré en un bol. Se incorpora la carne picada, se salpimenta al gusto y se aromatiza con una ralladura de nuez moscada y el perejil, lavado y picado.

5 Seguidamente, se corta el casquete superior a cada panecillo y se excavan, quitándoles la miga. Se rellenan con la mezcla de patatas y se distribuye por encima el queso rallado y la mantequilla. Se colocan sobre una placa y se introducen en el horno precalentado a 180 C, durante quince minutos.

6 Por último, se pasa la salsa de alcaparras por el pasapurés y se recoge en una salsera. Se sirven los panecillos calientes, acompañados con la salsa.

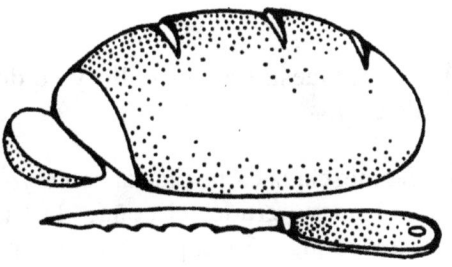

Segundos platos

Pastel de pollo (galantina)

👤	4 personas
🕐	45 minutos
👨‍🍳	Difícil
$	Caro
⚖️	370 calorías
🍾	Un vino blanco seco, Ribeiro

1 pollo de 1.250 g
300 g de carne picada de cerdo
1 lata de trufa
El hígado del pollo
1 huevo crudo
2 huevos duros
1 copita de coñac
80 g de **foie-gras**
2 lonchas de beicon
Sal
Pimienta

Para el caldo:
La carcasa y las alas del pollo, así como el cuello y la molleja
1 paquete de hierbas para el caldo
1 cebolla
Sal
1 l y 1/2 de agua

1 Se deshuesa bien el pollo y se deja en filetes.

2 Se mezcla la carne picada con el *foie-gras*, el huevo crudo, el coñac, la trufa picada y su jugo. Se salpimenta, se reparte la mitad de este relleno sobre el pollo, y se disponen encima tiras de huevo duro, hígado y beicon.

3 Seguidamente, se cubre con el relleno restante, se enrolla y se sujeta bien con un hilo. Se envuelve con un paño blanco y se ata por los extremos.

4 Después, se dispone en la olla a presión el agua fría con las verduras troceadas y los huesos. Se deja hervir y se añade el pollo. Se cierra la olla y se deja cocer, a la máxima presión, durante treinta minutos, válidos desde el momento en que empiece a sonar el silbido.

5 Finalizada la cocción, se enfría lentamente mediante el desvaporizador, y se destapa la olla. Se retira la galantina, se escurre bien y se prensa, sin retirar el paño que la cubre.

6 Por último, y una vez fría, se elimina el paño y el hilo. El pastel de pollo o galantina se sirve como fiambre.

Pato con nabos y ciruelas

👤	4 personas
🕐	45 minutos
👨‍🍳	Fácil
$	Caro
⚖	320 calorías
🍾	Un Cabernet Sauvignon

1 pato de 1.750 g
8 nabos negros
200 g de ciruelas
1 cucharada de harina
1 zanahoria
2 tomates
1 cebolla grande
1/2 dl de jerez seco
1/4 l de agua
1/2 pastilla de extracto de carne
25 g de almendras tostadas
1 dl de vino tinto
Pimienta
Aceite de oliva
Sal

1 En primer lugar, se limpia el pato, se chamusca, se cuartea y se salpimenta. Se calienta aceite en la olla a presión y se doran en él los trozos de pato por ambos lados.

2 A continuación, se fríen la cebolla y la zanahoria, cortadas en láminas finas, en la misma grasa que ha quedado en la olla. Una vez doradas, se añade la harina y se deja que se tueste. Se agregan los tomates troceados y se cuece a fuego fuerte.

3 Seguidamente, se rocía con el vino y el agua con la pastilla de caldo. Se pelan los nabos, se parten por la mitad, se enharinan y se fríen.

4 Se pasa la salsa preparada por el chino, se salpimenta y se dispone nuevamente en la olla, junto con el pato; se añaden los nabos y las almendras picadas.

5 En este momento, se tapa la olla y se deja cocer, a presión máxima, durante veinticinco minutos, contados desde el momento en el que empiece a sonar el silbido.

6 Al acabar la cocción, se espera a que el vapor haya salido de la olla y se abre. Se agregan las ciruelas. Se vuelve a cerrar la olla y se deja cocer durante cinco minutos más.

7 Transcurrido este tiempo, se enfría rápidamente y se vierte todo en una cazuela de barro. Este plato se sirve caliente.

Pavo al beicon

👤	6 personas
🕐	30 minutos
👨‍🍳	Fácil
$	Medio
⚖	390 calorías
🍷	Un vino tinto ligero, Beaujolais

1/2 kg de carne de pavo en un solo trozo
700 g de cebollas pequeñas
250 g de lonchas de beicon
6 bayas de cardamomo
1/2 vaso de vino rosado
3 cucharadas de aceite de oliva
Pimienta
Sal

1 En primer lugar, se machacan las bayas. Se frota la carne con sal y con el cardamomo. Se espolvorea con pimienta molida, se envuelve en el beicon y se ata con un hilo de cocina. Se pelan las cebollas.

2 A continuación, se dora el asado en aceite muy caliente, directamente en la olla a presión, dándole la vuelta varias veces.

3 Se añaden las cebollas, se sala al gusto, se rocía con el vino y se deja que este se evapore. Luego se añade medio vaso de agua, se cierra la olla a presión y se deja cocer todo durante veinte minutos, contados a partir del momento en que suene el silbido.

4 Acabada la cocción, se espera a que el vapor haya salido de la olla y se abre. Se retira el asado, se desata y se corta en lonchas.

5 Por último, se coloca la carne sobre una fuente, se riega con el mismo jugo de la cocción y se sirve.

Pavo a la naranja

👤	6 personas
🕐	40 minutos
👨‍🍳	Difícil
$	Medio
⚖	340 calorías
🍷	Un vino tinto de Navarra

1/2 kg de carne de pavo
3 naranjas
1 tallo de apio
1 zanahoria
1 cebolla
5 cucharadas de nata líquida
1/2 vaso de vino blanco seco
1 vasito de curaçao
1 cubito de caldo
1 cucharadita de azúcar
1 cucharadita de fécula
30 g de mantequilla
Sal
Pimienta

1 Para empezar, se lavan y se pican las verduras. Se pela una naranja, eliminando la parte blanca. Se corta en tiritas finas y se escaldan durante dos minutos. Se exprimen y se cuela el zumo.

2 A continuación, se ata la carne con hilo de cocina. Se calienta la mantequilla en la olla a presión y se sofríe el picadillo de verduras.

3 Cuando empiece a dorarse, se añade la carne y se dora uniformemente. Se sala y se riega con el vino, el zumo de naranja y el curaçao. Se deja que tome sabor durante unos minutos.

4 Después, se agrega el cubito de caldo desmenuzado, el azúcar y la piel de naranja. Se cierra la olla y se deja cocer, a presión máxima, durante veinticinco minutos, contados a partir del momento en que suene el silbido.

5 Acabada la cocción, se espera a que el vapor haya salido de la olla y se abre. Se escurre la carne, se desata y se dispone aparte, en una fuente, en un lugar caliente.

6 Por último, se añade al jugo de cocción la fécula disuelta en la nata y un pellizco de pimienta. Se remueve bien y se deja cocer un par de minutos.

7 Finalmente, se corta la carne en rodajas regulares, se riega con el jugo de la cocción y se sirve.

Pechuga de pavo con pomelo

👤	**4 personas**
🕐	**40 minutos**
👨‍🍳	**Fácil**
$	**Económico**
⚖	**320 calorías**
🍾	**Un Cabernet Sauvignon**

1 kg de pechuga de pavo
2 cebollas
4 pomelos
1 diente de ajo
1 ramita de perejil
1 dl de vino blanco seco
1 vasito de caldo de carne
3 cucharadas de aceite de oliva
Pimienta
Sal

1 En primer lugar, se pelan las cebollas y el ajo y se pican. Se exprimen dos pomelos y se cuela el zumo.

2 A continuación, se dora este picadillo en aceite en la olla a presión. Se añade la carne y se dora uniformemente. Se salpimenta al gusto y se rocía con el vino, dejando que este se evapore.

3 Se añade el zumo de los pomelos y el vasito de caldo de carne. Se cierra la olla a presión y se deja cocer todo durante aproximadamente veinte minutos, contados desde el momento en el que empiece a sonar el silbido.

4 Mientras tanto, se pelan los otros dos pomelos, se parten en gajos y se les eliminan las semillas. Se lava y pica finamente el perejil.

5 Acabada la cocción, se destapa la olla, se escurre la carne y se coloca en una fuente refractaria, previamente calentada.

6 Se rocía con el líquido de cocción que ha quedado en la olla y se distribuyen por encima los pomelos, cortados en gajos.

7 Por último, se espolvorea todo con un poco de perejil picado y se sirve al momento.

Perdices guisadas

👤	4 personas
🕐	45 minutos
👨‍🍳	Fácil
$	Caro
⚖	340 calorías
🍾	Un Cabernet Sauvignon

2 perdices
150 g de tocino entreverado fresco
1 cebolla grande
1 hoja de laurel
2 dientes de ajo
Perejil
1 cucharada de vinagre
1 dl de vino tinto
25 g de mantequilla
20 g de harina
50 g de manteca de cerdo
Pimienta
Aceite de oliva
Sal

1 Para empezar, se limpian bien las perdices y se salpimentan. Se calienta la manteca de cerdo y el aceite en la olla a presión y se doran las perdices, previamente bridadas, y el tocino en tiras. Una vez doradas, se reservan aparte, en un lugar caliente.

2 A continuación, se rehoga la cebolla, cortada en láminas finas, en la misma grasa que ha quedado en la olla.

3 Se añaden los ajos y el perejil, picados.

4 Después, se rocía con el vinagre y se agrega la hoja de laurel.

5 Se disponen de nuevo las perdices en la olla, se tapa y se deja cocer, a presión máxima, durante doce minutos, contando desde el momento en el que empieza a sonar el silbido.

6 Acabada la cocción, se espera a que el vapor haya salido y se abre la olla. Se retiran las perdices y se parten por la mitad; se pasa la salsa por el chino.

7 En este momento, se dispone la salsa colada de nuevo en la olla y se añade la mantequilla mezclada con la harina.

8 Se remueve con la batidora eléctrica hasta que espese.

9 Se incorporan las perdices y se cuece todo junto durante unos minutos con la olla destapada.

10 Finalmente, se disponen las perdices en una bandeja de servir y se llevan a la mesa regadas con la salsa.

Pollo a la cazuela

👤	6 personas
🕐	30 minutos
👨‍🍳	Fácil
$	Medio
⚖️	370 calorías
🍾	Un vino tinto ligero, Beaujolais

6 muslos de pollo
1 zanahoria
1 tallo de apio
1 cebolla
200 g de cebolletas limpias
200 g de champiñones
100 g de daditos de beicon
4 hojas de salvia
1 ramita de perejil
1/2 vaso de vino blanco seco
2 cucharadas de aceite de oliva
Pimienta
Sal

1 En primer lugar, se pela el ajo, la zanahoria y la cebolla, y se pican finos. Se disponen en la olla junto con el aceite y se fríen a fuego vivo. Se añade el beicon y la salvia.

2 Mientras tanto, se lavan bien los champiñones y se cortan en láminas.

3 A continuación, se incorporan los muslos de pollo a la olla a presión. Se riegan con el vino y se espera a que este se evapore.

4 Se añaden los champiñones y las cebolletas, un vaso de agua caliente, se salpimenta y se cierra la olla. Se deja cocer todo durante veinte minutos, contados desde el momento en que suena el silbido.

5 Acabada la cocción, se espera a que salga todo el vapor de la olla y se abre. Se sacan los muslos de pollo y se disponen en una fuente refractaria que conserve el calor.

6 Por último, se cubren con el jugo de la cocción, y se espolvorean por encima con perejil. Se sirve caliente.

Pollo al curry

👤	4 personas
🕐	45 minutos
👨‍🍳	Fácil
$	Económico
⚖️	350 calorías
🍾	Un vino blanco seco, Ribeiro

1 pollo de 1.250 g o 4 muslos de pollo
1 cebolla grande
1 manzana grande
50 g de jamón serrano
15 g de harina
1/2 pastilla de extracto de carne
2 dl de agua
1 copita de jerez seco
1 cucharadita colmada de curry en polvo
25 g de mantequilla
Aceite de oliva
Sal y pimienta

1 En primer lugar, se cuartea el pollo y se salpimenta. Se calienta la mantequilla en la olla a presión y se sofríe en ella el pollo por ambos lados.

2 Una vez dorado, se reserva aparte, en una fuente previamente calentada, o en un lugar caliente (que no debe ser el horno, pues podría resecarse).

3 A continuación, se pela la cebolla, se pica fina y se fríe en la misma grasa que ha quedado en la olla. Se deja dorar y seguidamente se agrega la manzana rallada. Se cuece lentamente, y momentos antes que se dore, se añade la harina, el jamón troceado, el jerez y el caldo.

4 Se diluye el curry con un poco de caldo y se agrega a la salsa. Se dispone de nuevo el pollo en la olla, se cierra y se deja cocer, a presión máxima, durante ocho minutos, contados a partir del momento en que empiece a sonar el silbido.

5 Finalizada la cocción, se enfría lentamente y se destapa la olla. Se retira el pollo y, si la salsa resulta demasiado clara, se deja reducir con la olla destapada durante unos minutos.

6 Por último, se dispone el pollo en una fuente de servir, resistente al horno, y se cubre con la salsa. Se calienta en el horno antes de servir.

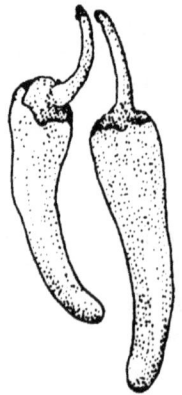

Pollo a la riojana

👤	4 personas
🕐	45 minutos
👨‍🍳	Fácil
$	Económico
⚖	350 calorías
🍾	Un vino blanco seco, Ribeiro

1 pollo de 1 kg y 1/4 aproximadamente, cuarteado
1 pimiento rojo
2 pimientos verdes
2 dientes de ajo
Perejil
250 g de champiñones
1 dl de vino tinto
150 g de chorizo
Harina
Aceite de oliva
Sal
Pimienta

1 Se limpia y se chamusca el pollo. Se salpimenta y se pasa ligeramente por harina. Se calienta el aceite en la olla y se fríen en él los trozos de pollo por ambos lados. Se reservan aparte, en un lugar caliente (que no sea el horno, pues se resecarían).

2 A continuación, se fríen los pimientos cortados en tiras en la misma grasa que ha quedado en la olla. Una vez rehogados, se añade el ajo y el perejil picados, los champiñones cortados en láminas y el chorizo en rodajas.

3 Se sofríen unos minutos y se rocían con el vino. Se dispone nuevamente el pollo dentro de la olla a presión y se deja cocer, a presión máxima, durante ocho minutos, contados desde el momento en que empiece a sonar el silbido.

4 Finalizada la cocción, se enfría lentamente y se destapa la olla. Se sirve el pollo en una fuente o cazuela de barro cubierto con la salsa, los pimientos y las rodajas de chorizo.

Ragú de carnes variadas

👤	8 personas
🕐	40 minutos
👨‍🍳	Fácil
$	Caro
⚖️	370 calorías
🍾	Un tinto, Rioja

300 g de carne de ternera
300 g de carne de cerdo
300 g de carne de pavo
4 salchichas
200 g de alubias blancas ya cocidas
200 g de tomate triturado
5 dl de caldo
1/2 zanahoria
1/2 cebolla
1/2 tallo de apio
2 hojas de laurel
2 clavos
1 ramita de perejil
1 vaso de vino blanco seco
Aceite de oliva
Pimienta
Sal

1 Se lavan las verduras y se pican todas juntas. Se cortan las carnes en trocitos y se escaldan las salchichas en agua hirviendo durante dos minutos. Después se escurren y se cortan en rodajas.

2 Se rehoga el picadillo de verduras en la olla a presión en cuatro cucharadas de aceite. Se añade la carne y se rehoga también.

3 A continuación, se agregan los clavos y el laurel, y se salpimenta. Se riega con el vino y se espera a que este se evapore.

4 En este momento, se añade la pulpa de tomate, el caldo caliente y las salchichas y se cierra la olla. Se deja cocer todo durante veinte minutos, contados a partir del momento en que suena el silbido.

5 Mientras, se limpia y se pica fino el perejil. Se abre la olla, se añaden las alubias blancas bien escurridas y se deja que cueza todo junto unos cinco minutos más.

6 Finalmente, se vierte el ragú en una fuente, se retiran las hojas de laurel y se espolvorea con el picadillo de perejil. Se sirve enseguida.

Rollitos de pollo con piña y jamón

👤	6 personas
🕐	45 minutos
👨‍🍳	Difícil
$	Caro
⚖️	370 calorías
🍾	Un vino blanco seco, Ribeiro

6 muslos de pollo deshuesados y sin piel
Mostaza a las finas hierbas
6 lonchas de jamón serrano, del mismo tamaño que los muslos de pollo
1 lata de piña al natural
Sal
Pimienta
Aceite
Harina

Para la salsa:
1 cebolla grande
1 cucharadita de harina
1/2 dl de jerez dulce
1 dl y 1/2 de jugo de piña
Sal
Pimienta

1 Se aplastan los muslos de pollo sobre el mármol de la cocina y se untan con un poco de mostaza. Se dispone encima el jamón. Se cortan en tiras seis rodajas de piña y se colocan en el centro de cada muslo.

2 A continuación, se enrollan y se sujetan con una cuerda fina o hilo. Se salpimentan los rollitos y se pasan ligeramente por harina.

3 Después, se calienta el aceite en la olla a presión y se fríen en él los rollitos de pollo por ambos lados. Se reservan aparte, en un lugar caliente que no sea el horno.

4 Seguidamente, se fríe la cebolla picada en la misma grasa que ha quedado en la olla, y una vez dorada se añade la harina y se rocía con el jerez y el jugo de piña.

5 Se incorporan los rollitos a la olla, se cierra y se deja cocer, a presión máxima, durante ocho minutos, que se contarán desde el momento en que empiece a sonar el silbido.

6 Finalizada la cocción, se enfría lentamente y se destapa la olla. Se retiran los rollitos y se añade a la salsa la piña restante, cortada en trocitos.

7 Por último, y una vez retirados los hilos, se sirven en una fuente, cubiertos con la salsa.

Rosbif al ajo

👤	6 personas
🕐	30 minutos
👨‍🍳	Fácil
$	Caro
⚖️	340 calorías
🍾	Un vino rosado, de Navarra

800 g de rosbif
2 dientes de ajo
Aceite de oliva
Sal y pimienta

1 En primer lugar, se clavan los dientes de ajo en la pieza de rosbif. Se salpimenta y se unta con aceite.

2 A continuación, se dora la carne en la olla a presión dándole la vuelta sin pincharla.

3 Se cierra la olla y se deja que cueza durante diez minutos, contados a partir del momento en que suene el silbido, si a los comensales les gusta la carne poco hecha. Si se prefiere más hecha, se dejará veinte minutos.

4 Acabada la cocción, se deja que salga todo el vapor, se abre la olla y se deja reposar la carne dentro de la misma.

5 Finalmente, se sirve el rosbif cortado en lonchas con su jugo de cocción.

Solomillo de cerdo con cebolla

👤	6 personas
🕐	45 minutos
👨‍🍳	Fácil
$	Caro
⚖️	370 calorías
🍾	Un vino blanco seco, Ribeiro

600 g de solomillo de cerdo (2 piezas)
1/2 kg de cebollas
1 dl de cerveza
1 hoja de laurel
1/2 rama de canela
1/2 dl de agua
1/4 de pastilla de extracto de carne
Aceite de oliva
Sal
Pimienta

1 Se salpimenta la carne, entera. Se calienta el aceite en la olla a presión y se dora en él por ambos lados. Se reserva aparte, en una fuente previamente calentada.

2 A continuación, se pela la cebolla, se pica fina y se fríe en la misma grasa que ha quedado en la olla. Se deja dorar y se rocía con la cerveza y el caldo.

3 Se añade el laurel y la canela. Se cierra la olla y se deja cocer, a presión máxima, durante doce minutos, contados desde el momento en que empieza a sonar el silbido.

4 Finalizada la cocción, se enfría lentamente y se destapa. Se vuelca todo en una fuente previamente calentada y se sirve la carne cortada acompañada de la cebolla y la salsa.

Ternera guisada con salsa de nueces

👤	**4 personas**
🕐	**40 minutos**
👨‍🍳	**Fácil**
$	**Medio**
⚖	**350 calorías**
🍾	**Un tinto, Merlot del Penedès**

600 g de carne de ternera, cortada en lonchas más bien finas
El zumo de 1/2 limón
Sal

Para la salsa:
1 cebolla grande
1 cucharada de concentrado de tomate
1/2 dl de vino tinto
Harina
1 dl de aceite
2 dl de agua
30 g de nueces peladas
Aceite de oliva
Pimienta
Sal

1 Se extiende la carne sobre una superficie limpia y se salpimenta. Se rocía con zumo de limón y se enharina.

2 A continuación, se calienta aceite en la olla a presión, y se fríe la carne a fuego vivo. Una vez dorada la ternera por ambos lados, se reserva en una bandeja aparte, en un lugar caliente.

3 Se pela y se pica la cebolla bien fina y se rehoga en la grasa que ha quedado en la olla. Se añade el extracto de tomate, se rocía con el vino y el agua y se agregan las nueces picadas en el mortero.

4 Seguidamente, se salpimenta y se introduce nuevamente la carne en la olla. Se cierra y se deja cocer todo, a presión máxima, durante diez minutos, contados desde el momento en que empiece a silbar.

5 Finalizada la cocción, se espera a que haya salido todo el vapor de la olla y se abre. Se vierte el contenido en una fuente refractaria, previamente calentada, y se sirve, opcionalmente acompañada de moldes de arroz hervido.

Ternera guisada con setas y salsa de anchoas

👤	**4 personas**
🕐	**45 minutos**
👨‍🍳	**Difícil**
$	**Caro**
⚖	**420 calorías**
🍾	**Un tinto, Merlot del Penedès**

8 filetes de ternera
1 cebolla
2 tomates maduros
20 g de harina
1 copa de vino rancio
2 dl de agua
1/2 pastilla de extracto de carne
1 dl y 1/2 de vino tinto
1 rebanada de pan frito
1 diente de ajo
Perejil
2 anchoas
20 g de almendras tostadas
250 g de níscalos naturales o de lata
Aceite de oliva
Pimienta
Sal

Ternera marinada, asada con puré de patatas

👤	4 personas
⏰	45 minutos
🍳	Difícil
$	Caro
⚖️	420 calorías
🍾	Un vino blanco seco, Ribeiro

700 g de carne de ternera (de cadera)
50 g de manteca de cerdo
Sal
Pimienta

Para la marinada:
2 dl de vino tinto
1 ramita de apio
1/2 rama de canela
1 cebolla
3 clavos
El zumo de medio limón
20 g de harina
20 g de mantequilla
1 zanahoria

Para la guarnición:
1 kg de patatitas
1 yema de huevo
25 g de mantequilla
Sal

1 En primer lugar, se limpian bien las setas y se dejan en agua templada. Se lavan todas las verduras. Se pela la cebolla y se corta fina.

2 A continuación, se sazona la carne y se pasa ligeramente por harina. Se fríe, con cuidado, en la olla a presión en cuatro cucharadas de aceite. Una vez dorada por ambos lados, se reserva en un lugar caliente, que no sea el horno.

3 Se fríe la cebolla en la misma grasa que ha quedado en la olla. Se deja dorar y se agrega la harina. Se añaden los tomates troceados y se rocía con el vino rancio, el vino tinto y el caldo.

4 En este momento, se cierra la olla y se deja cocer, a presión alta, durante cinco minutos, contados desde el momento en que empiece a silbar.

5 Mientras tanto, se pican las almendras junto con las anchoas, ya desaladas, y se machaca también el ajo y el perejil, así como la rebanada de pan frito.

6 Acabada la cocción, se espera a que haya salido todo el vapor de agua de la olla y se abre. Se añade la picada, y se pasa la salsa por el chino.

7 Por último, se disponen la carne de ternera y las setas en la olla y se cubren con la salsa. Se vuelve a cerrar y se deja cocer, a presión máxima, durante otros nueve minutos.

8 Al final de la cocción, se regula el punto de sal y se sirve.

1 Se lavan y se trocean las verduras, y se mezclan con los demás ingredientes de la maceración (menos la harina y la mantequilla). Se marina la carne durante veinticuatro horas.

2 Al día siguiente, se escurre, se seca bien y se salpimenta. Se corta en daditos regulares. Se calienta la manteca de cerdo en la olla a presión y se dora por ambos lados. Se reserva aparte, en un lugar en el que se mantenga caliente, pero que no sea el horno.

3 A continuación, se escurren las verduras de la maceración y se doran en la misma grasa. Se rocían con el líquido de la maceración.

4 Se dispone de nuevo la carne en la olla y se deja cocer, a presión máxima y con la olla tapada, durante veinte minutos, contados a partir del momento en que empiece a sonar el silbido.

5 Una vez finalizada la cocción, se enfría lentamente y se destapa la olla. Se reserva la carne y se pasan las verduras por el chino.

6 Seguidamente, se coloca nuevamente la carne en la olla y se añade la mantequilla mezclada con la harina para que espese la salsa. Se cuece durante cinco minutos más, a presión mínima y con la olla destapada.

7 Se pelan las patatas y se trocean. Se calienta 1/4 l de agua con sal y se incorporan las patatas.

8 Se cierra nuevamente la olla y se cuece todo, a presión máxima, durante cuatro minutos. Se rebaja la presión lentamente y se abre la olla.

9 Por último, se pasan las patatas por el pasapurés, se mezclan con la mantequilla y la yema de huevo.

10 Se corta la carne y se sirve con el puré alrededor, formando dibujos con la manga pastelera de boquilla rizada. Se sirve la salsa en una salsera.

Ternera con pimientos

👤	4 personas
🕐	40 minutos
👨‍🍳	Fácil
$	Medio
⚖	350 calorías
🍷	Un tinto, Merlot del Penedès

1/2 kg de carne de ternera cortada en daditos
1 tallo de apio
1 zanahoria
1 cebolla
10 g de setas secas
1 pimiento rojo
Harina
1 taza de caldo
Aceite de oliva
Sal y pimienta

1 Se limpian las setas y se dejan en reposo en agua templada. Se lavan las verduras. Se pican juntos el apio, la zanahoria y la cebolla. Se corta el pimiento.

2 A continuación, se rehogan las verduras (excepto el pimiento y las setas) en la olla a presión, junto con cuatro cucharadas de aceite. Se enharina la carne y se agrega a la olla. Se dora a fuego vivo. Se escurren las setas y se pican.

3 Se añade el caldo caliente a la olla y se remueve bien. Se cierra y se deja cocer todo durante quince minutos.

4 Finalizada la cocción, se abre la olla, se incorporan las setas, el pimiento y la pimienta, y se deja cocer otros ocho minutos cerrada, antes de servir.

Pescado y marisco

El pescado y los mariscos, por su alto contenido en proteínas, grasas, vitaminas y sales minerales, son un alimento básico para el organismo.

Tal vez sean los productos menos adecuados para la cocción en la olla a presión, ya que su carne suele cocinarse rápidamente.

Sin embargo, si se cuecen con cuidado, ateniéndose exactamente a medidas y minutos, es posible que también en este caso la olla a presión resulte un elemento indispensable para su preparación. Los pescados pueden ser blancos o azules, siendo los primeros de carne muy fina, delicada y menos grasa.

La cocción de los pescados en la olla a presión se realiza normalmente a presión mínima, ya que se trata de alimentos muy delicados. No obstante, hay algunas clases de pescado o de marisco que, por tener una textura más fuerte, pueden cocinarse a presión máxima. Los pescados también pueden cocerse al vapor, dentro de la cesta de la olla, simplemente sazonados con sal y rociados con limón.

En general, todos los pescados tienen que cocerse durante muy poco tiempo. Si se guisan con patatas u otro vegetal, primero se preparará la salsa, se le añadirán las verduras y en el último momento el pescado, siempre con la cantidad exacta de líquido indicada en la receta. El líquido no debe ser excesivo, ya que tanto el pescado como las verduras suelen soltar bastante.

Asado de sepia

👤	6 personas
🕐	30 minutos
👨‍🍳	Fácil
$	Caro
⚖	290 calorías
🍾	Un vino blanco seco, Ribeiro

500 g de sepias, limpias
150 g de beicon
100 g de tomates pelados
2 cebollas
1 dl de vino tinto
1/2 vaso de aguardiente
Aceite de oliva
Sal

1 Para empezar, se lavan bien las sepias, se separan las bolsas de los tentáculos y se parten estos en dos trozos.

2 Se limpian las cebollas, se pican con el beicon y se sofríe todo junto en la olla a presión con tres cucharadas de aceite.

3 Después, se añaden las sepias y se doran a fuego vivo, sin dejar de remover.

4 Se rocía con el aguardiente y se espera a que se evapore. Se añade el vino y los tomates pelados. Se remueve todo bien, se sala y se cierra la olla. Se cuece durante veinte minutos, contados a partir del silbido.

5 Finalizada la cocción, se espera a que todo el vapor haya salido de la olla y se destapa. Se rectifica la sal.

6 Por último, se trasladan las sepias a una fuente precalentada y se sirven enseguida, muy calientes.

Asado de sepia con guisantes

👤	4 personas
🕐	30 minutos
👨‍🍳	Fácil
$	Caro
⚖	340 calorías
🍾	Un vino blanco seco, Ribeiro

900 g de sepias, limpias
1 manojo de cebollitas tiernas
1 tomate maduro
1 terrón de azúcar
1 dl de vino blanco
1 atado de hierbas (laurel, tomillo, perejil y ajedrea)
750 g de guisantes congelados
Sal
Pimienta
Aceite de oliva

1 Se lavan bien las sepias, se separan las bolsas de los tentáculos y se parten estos en dos trozos. Se calienta aceite en la olla a presión y se saltean en él los trozos de sepia a fuego vivo. Se reserva el jugo.

2 Se fríen las cebollitas cortadas muy finas en el mismo aceite que ha quedado en la olla. Una vez doradas, se incorporan las sepias, el jugo que han soltado, el tomate entero, el atado de hierbas, el azúcar y la salsa. Se salpimenta al gusto y se rocía con la tinta disuelta en el vino.

3 Se remueve todo bien, se añaden los guisantes y se cierra la olla. Se deja cocer, a presión mínima, durante seis minutos. Seguidamente, se abre la olla, se retira la piel del tomate y las hierbas y se sirve.

Atún con tomate a la zaragozana

👤	4 personas
🕐	45 minutos
👨‍🍳	Fácil
$	Caro
⚖️	300 calorías
🍾	Un vino blanco seco, Ribeiro

1 kg de atún, cortado en rodajas gruesas
1 lata de 500 g de tomate al natural
1 cebolla de 100 g
1 hoja de laurel
Pimienta
1 cucharada de azúcar
50 g de jamón serrano
Harina
1/2 dl de vino blanco
Aceite de oliva
Sal

1 Para empezar, se salpimentan los trozos de atún y se pasan por harina.

2 Se calienta aceite en la olla a presión y se dora en él el atún por ambos lados. Se reserva aparte en un lugar caliente que no sea el horno, pues se resecaría.

3 A continuación, se pela la cebolla y se corta en daditos. Se fríe en la olla, en la misma grasa que hemos utilizado para el atún.

4 Una vez dorada, se añade el jamón troceado, el laurel y el tomate triturado. Se deja cocer, se le añade el azúcar, la sal y, al final, el vino.

5 En este momento, se disponen encima los trozos de atún, se cierra la olla y se cuece todo, a presión mínima, durante siete minutos, desde el momento en el que se comienza a oír el silbido.

6 Finalizada la cocción, se enfría rápidamente la olla y se abre. Se vuelca el contenido en una cazuela de barro, y se sirve al momento.

Bacalao al ali-oli

👤	6 personas
🕐	40 minutos
👨‍🍳	Fácil
$	Caro
⚖️	280 calorías
🍾	Un vino blanco seco, Penedès

3/4 kg de bacalao desalado
6 patatas grandes
4 cebollas
Pimienta en grano
5 tazas de agua

Para el ali-oli:
5 dientes de ajo
1 yema de huevo
1 taza de aceite de oliva
El jugo de un limón
Sal

1 En primer lugar, se debe tener en cuenta que el bacalao se ha de desalar el día anterior, sumergiéndolo en abundante agua fresca.

2 El día de la preparación, se escurre y se le quita la piel y las espinas. Se coloca la rejilla en la olla a presión y se vierte en ella el agua, la pimienta, las cebollas enteras, las patatas sin pelar y el bacalao.

3 A continuación, se cierra la olla y se cuece todo, a presión máxima, durante quince minutos, contados desde el momento en que suene el silbido.

4 Mientras, se prepara el ali-oli, triturando los dientes de ajo en un mortero. Se añade la yema de huevo y se va incorporando, poco a poco, el aceite. Se echan también unas gotitas de zumo de limón.

5 Acabada la cocción, se espera a que todo el vapor haya salido de la olla y se abre. Se retira el bacalao y se coloca en una fuente de servir.

6 Por último, se colocan las cebollas peladas y picadas alrededor y se cubre con la salsa ali-oli.

Bacalao fresco con patatas

👤	6 personas
🕐	40 minutos
👨‍🍳	Fácil
$	Caro
⚖	290 calorías
🍾	Un vino blanco seco, Albariño

800 g de filetes de bacalao fresco
650 g de patatas
1 tallo de apio
1 zanahoria
1 cebolla
1 manojo de perejil
1 hoja de laurel
1/2 vasito de vino blanco seco
1 diente de ajo
1 ramita de romero
Aceite de oliva
Pimienta en grano
Sal

1 Se lava el perejil y el romero. Se limpian las verduras y se disponen en la olla a presión, excepto las patatas.

2 Se añade el vino, el laurel, el perejil, unos granos de pimienta y un poco de sal. Se cierra la olla y se deja cocer todo durante diez minutos.

3 Mientras, se cuecen las patatas en agua con sal, hasta 3/4 de la cocción. Se escurren, se pelan y se cortan en rodajas.

4 Se trocean los filetes de bacalao. Se abre la olla a presión, se añade el pescado y se deja cocer durante diez minutos, a fuego lento, con la olla destapada. Acabada la cocción, se escurre.

5 Por último, se calientan tres cucharadas de aceite en una sartén junto con el romero y el ajo. Se añaden las patatas y se doran en ella. Se van incorporando los trozos de bacalao y se doran también. Se elimina el romero y se sirve caliente.

Bacalao con patatas

👤	6 personas
🕐	30 minutos
👨‍🍳	Fácil
$	Caro
⚖	290 calorías
🍾	Un vino blanco seco, Penedès

3/4 kg de bacalao desalado
2 cebollas
4 patatas
1 cucharada grande de manteca de cerdo
1 cucharada de harina
Pimienta
Nuez moscada
2 vasos de agua
1 vaso de leche
Aceite de oliva
Sal

1 Se dispone la manteca en la olla a presión y se fríen en ella las cebollas, cortadas en lonchas grandes.

2 A continuación, se escurre el bacalao, se le quita la piel y las espinas y se agrega a la cebolla. Se salpimenta y se añade el agua y las patatas cortadas en rodajas.

3 En este momento, se cierra la olla y se cuece todo junto, a presión máxima, durante cinco minutos, contando desde el momento en que empiece a sonar el silbido.

4 Acabada la cocción, se espera a que el vapor de agua haya salido de la olla y se abre. Se añade la nuez moscada, una cucharadita de harina diluida en un vaso de leche y se deja que hierva durante unos minutos, con la olla destapada.

5 Finalmente, se vierte el contenido de la olla en una fuente refractaria y se sirve al momento.

Bacalao con salsa de leche

👤	4 personas
🕐	40 minutos
👨‍🍳	Fácil
$	Caro
⚖	280 calorías
🍾	Un vino blanco seco, Penedès

700 g de bacalao desalado
6 dl de leche
100 g de tallos de apio
1 zanahoria
1 cebolla
1 cucharada de harina
30 g de mantequilla
Aceite de oliva
Sal

1 Se pone el bacalao en la olla, se añade la leche caliente y una cucharada de aceite. Se cierra y se cuece durante veinte minutos, a partir del momento en que comienza a escucharse el silbido.

2 Mientras tanto, se lavan las verduras y se pican.

3 Finalizada la cocción, se escurre el bacalao y se reserva en un lugar caliente.

4 A continuación, se rehoga el picadillo de verduras en una sartén con aceite durante cinco minutos. Se añade la harina y se remueve para evitar que se formen grumos.

5 Seguidamente, se añade a la sartén 4 dl de líquido de cocción del bacalao, se remueve y se mantiene en el fuego unos diez minutos más.

6 Al acabar la cocción, se regula el punto de sal, se coloca el bacalao en una fuente de servir y se rocía con la salsa.

Bacalao en salsa verde

👤	6 personas
🕐	30 minutos
👨‍🍳	Fácil
$	Caro
⚖	290 calorías
🍾	Un vino blanco seco, Penedès

1 kg de bacalao desalado
2 dientes de ajo
6 cucharadas de aceite
Harina
Perejil
Agua

1 En primer lugar, hay que tener en cuenta que el bacalao debe estar en remojo un día para que pueda desalarse bien. Al día siguiente, se escurre y se le quita la piel y las espinas. Se corta en filetes.

2 A continuación, se calienta el aceite en la olla a presión y se fríen en él los ajos cortados en láminas. Se añade el perejil picado.

3 Mientras, se enharinan los filetes de bacalao y se fríen en la grasa que ha quedado en la olla. Una vez fritos por ambos lados, se coloca la rejilla en la olla y se añade el agua.

4 En este momento, se cierra la olla y se deja cocer, a presión máxima, durante cinco minutos, contados desde el momento en que empieza a sonar el silbido.

5 Acabada la cocción, se espera a que el vapor haya salido de la olla y se abre. Se vierte el contenido en una fuente refractaria y se sirve al momento.

Besugo en salsa

👤	6 personas
🕐	40 minutos
👨‍🍳	Fácil
$	Caro
⚖	320 calorías
🍾	Un vino blanco seco, Albariño

1 besugo de 1 kg y 1/2
1 cebolla grande
2 tomates o una latita de tomate natural
75 g de aceitunas deshuesadas
1 ramita de perejil
1 vaso de agua mezclada con vino blanco
Aceite de oliva
Pimienta
Sal

1 En primer lugar, se limpia y se descama el besugo. Se seca bien con un papel de cocina y se sala por dentro y por fuera.

2 A continuación, se calientan siete cucharadas de aceite en la olla a presión y se fríe en él la cebolla, pelada y cortada en tiras finas.

3 Cuando esté transparente, se añade el tomate, se rehoga y se condimenta con la pimienta y con un poco de sal. Se agrega el perejil y las aceitunas partidas en dos.

4 Transcurridos unos minutos, se incorpora el besugo y el agua con el vino. Se cierra la olla y se deja cocer todo, a presión máxima, durante un cuarto de hora.

5 Finalizada la cocción, se abre. Se coloca el besugo en una fuente y se sirve con la salsa por encima.

Bonito encebollado

👤	6 personas
🕐	40 minutos
👩‍🍳	Fácil
$	Caro
⚖	290 calorías
🍶	Un vino blanco seco, Albariño

1 kg y 1/4 de bonito troceado
4 cebollas
1/2 kg de pimientos verdes
1 hoja de laurel
1/2 vasito de vino blanco seco
1/2 vaso de agua
Aceite de oliva
Sal y pimienta

1 Se disponen ocho cucharadas de aceite de oliva en la olla a presión y se fríen en él la cebolla, pelada y cortada en lonchas, y los pimientos, cortados en tiras finas.

2 En el momento en que se empiecen a dorar, se agrega el bonito, troceado y sin espinas, el vino y la hojita de laurel.

3 Se agrega el agua y se cierra la olla. Se deja cocer todo durante seis minutos, contados desde el momento en que se comienza a oír el silbido de la válvula.

4 Transcurrido el tiempo de cocción, se espera a que todo el vapor haya salido de la olla y se abre. Se escurre el pescado y se dispone en una fuente refractaria. Minutos antes de servir, se añade la salsa que ha quedado en la olla.

Bonito a la española

👤	6 personas
🕐	45 minutos
👩‍🍳	Fácil
$	Caro
⚖	260 calorías
🍶	Un vino blanco seco, Albariño

1 kg y 1/4 de bonito en rodajas
1/2 kg de tomates
1/2 kg de pimientos rojos
1 cebolla
1 manojo de perejil
1 hoja de laurel
Pimentón
1 taza de agua
Aceite de oliva
Sal

1 Para empezar, se limpia bien el bonito y se seca con papel de cocina. Se calientan seis cucharadas de aceite en la olla a presión y se fríen los pimientos cortados en tiras.

2 Se añade la cebolla, cortada en rodajas, y los tomates, pelados. Se rehoga hasta que se evapore el líquido y se agrega el perejil picado, la hoja de laurel y el bonito. Se salpimenta.

3 A continuación, se vierte el agua y se cierra la olla.

4 Se cuece todo durante diez minutos, que se contarán a partir del momento en que empiece a sonar el silbido.

5 Acabada la cocción, se escurre el pescado y se dispone en una fuente o cazuela de barro. Se sirve acompañado del sofrito que ha quedado en la olla.

Brandada de merluza

👤	4 personas
🕐	30 minutos
👨‍🍳	Difícil
$	Medio
⚖	350 calorías
🍾	Un vino blanco, Rioja

600 g de filetes de merluza
500 g de patatas
1/2 vaso de leche
1 cebolla
1 ramito de perejil
1/2 vaso de vino blanco seco
30 g de mantequilla
4 cucharadas aceite de oliva
Sal y pimienta

1 Se pelan las patatas y se cortan en rodajas.

2 Se disponen en la olla a presión y se cubren con agua hirviendo con sal.

3 En este momento, se cierra la olla y se dejan cocer, a presión media, durante siete minutos, que se contarán desde el momento en que empiece a sonar el silbido.

4 Acabada la cocción, se enfría lentamente y se abre. Se escurren las patatas y se reservan.

5 A continuación, se funden la mantequilla en una sartén y se doran en ella las patatas, a fuego bajo.

6 Se lava y se pica el perejil.

7 Se pela y se pica la cebolla, y se rehoga en la grasa que ha quedado en la sartén.

8 Se añaden los filetes de merluza y se dejan cocer dos minutos, desmenuzándolos.

9 Seguidamente, se riegan con el vino y la leche, se baja la llama y se continúa la cocción, sin dejar de remover, hasta que el pescado adquiera la consistencia de una papilla espesa.

10 Por último, se salpimenta y se espolvorea con el picadillo de perejil.

11 Se disponen las patatas en una fuente, se reparte por encima la brandada de merluza y se sirve enseguida con una guarnición al gusto.

Calamares rellenos de carne

👤	4 personas
🕐	30 minutos
👨‍🍳	Fácil
$	Caro
⚖️	350 calorías
🍾	Un vino blanco seco, Ribeiro

4 calamares (800 g)
300 g de carne de cerdo picada
1 huevo duro
1 huevo fresco
50 g de aceitunas rellenas de anchoas
Sal
Pimienta

Para la salsa:
25 g de almendras tostadas
300 g de guisantes desgranados
1 cebolla grande
2 tomates maduros
1 diente de ajo
Perejil
1 dl de vino tinto
1/2 dl de agua
1 hoja de laurel
Aceite
Sal
Pimienta

1 Se limpian los calamares y se reservan enteras las bolsas. Se pican las aletas y los tentáculos y se mezclan con la carne picada, el huevo crudo, el huevo duro picado y las aceitunas troceadas. Se salpimenta al gusto.

2 A continuación, se rellenan con esta preparación y se cose la abertura.

3 Se calienta aceite en la olla a presión y se doran los calamares en él. Se reservan en un lugar caliente.

Pescado y marisco

4 Seguidamente, se fríe la cebolla, pelada y cortada en daditos, en el mismo aceite que ha quedado en la olla. Una vez dorada, se añaden los tomates rallados y el laurel, y se rocía con el vino.

5 Se agrega luego la picada de almendras, ajo y perejil. Se disponen nuevamente los calamares en la olla y se cuecen, a presión mínima, durante ocho minutos, contados desde el momento en el que empiece a sonar el silbido.

6 Acabada la cocción, se rebaja la presión rápidamente y se abre la olla. Se añaden los guisantes y el agua, y se vuelve a cerrar. Se cuece, a presión mínima, durante cinco minutos.

7 Transcurrido este tiempo, se espera que el vapor haya salido totalmente de la olla y se abre. Se vuelca el contenido en una bandeja y se sirven los calamares enteros o cortados en rodajas, con la salsa por encima y los guisantes alrededor.

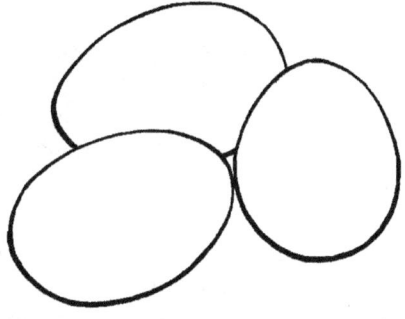

Segundos platos

Cangrejos de río en salsa tártara

👤	6 personas
🕐	60 minutos
👨‍🍳	Difícil
$	Caro
⚖	340 calorías
🍾	Blanco, Condado de Huelva

3 docenas de cangrejos de río
2 cucharadas de manteca
1 vasito de vino blanco
1 copa de coñac
1 cebolla
1 zanahoria
1 ramita de perejil
Leche
Pimienta
Sal

1 Primero, se dejan los cangrejos en remojo en agua y leche, mitad y mitad, durante tres horas.

2 A continuación, y minutos antes de cocerlos, se les quita la tripa, retorciendo hacia fuera el centro de la cola.

3 Después, se dispone en la olla a presión un vaso de agua, el vino, el coñac, la cebolla y la zanahoria partidas muy finas, el perejil y una cucharada de manteca. Se salpimenta.

4 Cuando empiece a hervir toda esta mezcla, se echan los cangrejos. Se cierra la olla y se cuece durante aproximadamente cinco minutos.

5 Acabada la cocción, se enfría lentamente y se abre la olla. Se retiran los cangrejos, se escurren bien y se pelan las colas.

6 Con los despojos de los cangrejos y una cucharada de manteca se forma una pasta a la que se añadirán las verduras. Se tritura todo bien hasta conseguir una crema fina.

7 Finalmente, se cubren las colas con esta crema, se dispone en una fuente redonda y se sirven.

Chipirones en su tinta

👤	6 personas
🕐	60 minutos
👨‍🍳	Fácil
$	Caro
⚖	280 calorías
🍾	Blanco, Condado de Huelva

1 kg y 1/2 de chipirones
4 cucharadas de aceite
1 cebolla
1/4 l de salsa de tomate
Pan duro
1 cucharadita de pan rallado
1 cubito de caldo
2 vasos de agua
Perejil
Pimienta
Sal

1 Se lavan y se vacían cuidadosamente los chipirones. Se les quita la tinta y se reserva.

2 Se calienta aceite en la olla a presión y se fríe en él media cebolla picada y las aletas y los tentáculos de los calamares troceados. Se añade el perejil y el pan rallado.

3 A continuación, se rellenan los chipirones con este preparado y se cierran con un palillo.

4 Mientras, se echa en la olla a presión el resto de la cebolla y las rebanadas de pan duro. Se añade el agua con el cubito de caldo, y las tintas machacadas y diluidas en un poco de agua. Por último, se agrega el tomate y los chipirones.

5 Se tapa la olla y se deja cocer todo durante siete minutos, contados a partir del momento en que empieza a sonar el silbido.

6 Acabada la cocción, se espera a que todo el vapor haya salido de la olla y se abre. Se retiran los chipirones y se disponen en una cazuela de barro, dejando que reposen un rato. Minutos antes de servir, se cubren con la salsa que ha quedado en la olla.

Filetes de gallo al coñac

👤	6 personas
🕐	30 minutos
👨‍🍳	Fácil
$	Caro
⚖	310 calorías
🍾	Blanco, Condado de Huelva

12 filetes de gallo
2 puerros
1 zanahoria
1 tomate
1 hoja de laurel
1 vaso de vino de coñac
1 cucharada de manteca
Harina
1/2 vaso de leche
150 g de champiñones
2 yemas
Perejil
Pimienta
Sal

1 En primer lugar, se disponen los filetes de gallo en la olla a presión, con una cantidad de agua equivalente a dos tazas.

2 En el momento en el que el agua rompa a hervir, se añaden los puerros y la zanahoria, cortados en rodajas, el tomate, el laurel y el coñac. Se cierra la olla y se deja cocer todo durante siete minutos, como siempre contados desde el momento en que se empieza a oír el silbido.

3 Acabada la cocción, se espera a que todo el vapor haya salido de la olla y se abre. Se retiran los gallos y se escurren bien. Se cuelan las verduras y se reserva el caldo.

4 Después, se coloca de nuevo la olla en el fuego, se echa la manteca y la harina y se remueve bien hasta formar una pasta. Se añade una taza de caldo y un chorro de leche, sin dejar de remover. Se agregan los champiñones picados y se deja cocer, con la olla destapada, durante unos minutos.

5 Una vez retirada la salsa del fuego, se añaden las yemas batidas. Se condimenta con sal y pimienta.

6 Por último, se dispone el pescado en una fuente, se cubre con la salsa y se sirve caliente. Si se prefiere, puede gratinarse antes, colocando una bolita de mantequilla encima de cada pescado.

Marmitako

👤	4 personas
🕐	30 minutos
👨‍🍳	Difícil
$	Caro
⚖	340 calorías
🍾	Un vino blanco seco, Ribeiro

900 g de atún fresco, cortado en tacos gruesos
3 dientes de ajo
Perejil
1 cebolla grande
250 g de tomates rallados o 3 cucharadas de salsa de tomate
600 g de patatas
1/2 dl de aceite de oliva
2 dl de agua
1 dl de vino blanco
1 pimiento choricero
Harina
Un poco de guindilla
Pimienta
Sal

1 Se sazonan los trozos de atún y se pasan por harina.

2 Se calienta aceite en la olla y se fríen los tacos de atún.

3 Una vez dorados por ambos lados, se reservan en un lugar caliente que no sea el horno, pues se resecarían.

4 A continuación, se fríe la cebolla pelada y picada en el mismo aceite que ha quedado en la olla. Cuando esté a punto de dorarse, se agregan los ajos y el perejil picados, la guindilla cortada pequeña y el pimiento choricero, previamente remojado y raspado.

5 Seguidamente, se rallan los tomates y se incorporan a la salsa.

6 Se rocía con el vino y el agua y se añaden las patatas, peladas y cortadas en rodajas, y los trozos de atún reservados.

7 Se cierra la olla y se cuece todo junto, a presión mínima, durante siete minutos, contados desde el momento en que empiece a sonar el silbido.

8 Acabada la cocción, se enfría lentamente con el desvaporizador y se abre la olla.

9 Se vierte el contenido en una cazuela de barro y se sirve caliente.

Merluza a la gallega

👤	6 personas
🕐	30 minutos
👨‍🍳	Difícil
$	Caro
⚖	300 calorías
🍾	Un vino blanco seco, Ribeiro

1 kg y 1/2 de merluza
2 dientes de ajo
Pan rallado
1 taza de agua
Perejil picado
Vino blanco
Aceite de oliva
Pimienta
Sal

1 En primer lugar, se calientan tres cucharadas de aceite en la olla a presión y se fríen en él los dientes de ajo cortados en láminas. Una vez dorados por ambos lados, se reservan en un lugar donde se mantengan calientes.

2 A continuación, se coloca la rejilla en la olla a presión y se pone la merluza, cortada en rodajas, encima de ella. Se cubre con pan rallado y se añade, con cuidado, el agua y un chorrito de vino blanco. Se salpimenta y se espolvorea con el perejil picado.

3 Se cierra y se cuece todo, a presión mínima, durante siete minutos, contados desde el momento en que empieza a sonar el silbido.

4 Acabada la cocción, se enfría lentamente y se abre la olla. Se sacan los trozos de merluza con la espumadera y se colocan en una fuente de barro.

5 Minutos antes de servir, se da un hervor a la salsa que ha quedado en la olla y se cubre con ella la merluza.

Merluza guisada

👤	6 personas
🕐	30 minutos
👨‍🍳	Difícil
$	Caro
⚖	350 calorías
🍾	Un vino blanco seco, Ribeiro

1 kg de merluza en rodajas
1/4 kg de guisantes
6 cucharadas de aceite
1 cebolla grande
1 pizca de pimentón
1 cucharada de salsa de tomate
1 dl de vino blanco
1/2 taza de agua
Perejil
Sal

1 Se lavan las rodajas de merluza, se salan y se untan con aceite. Se reservan.

2 A continuación, se calienta aceite en la olla a presión y se fríen en él la cebolla, pelada y cortada en lonchas finas. Una vez dorada se reserva.

3 Se agrega al aceite el perejil, picado finamente, el pimentón y la salsa de tomate. Se sazona ligeramente.

4 Luego se añaden los guisantes y la merluza. Se agrega el agua y el vino. Se cierra la olla y se cuece todo, a presión mínima, durante siete minutos, contados desde el momento en que empiece a sonar el silbido.

5 Acabada la cocción, se enfría lentamente y se abre la olla. Se saca la merluza con una espumadera con mucho cuidado para que no se rompa. Se vierte la salsa por encima y se sirve.

Merluza a la marinera con patatas y gambas

👤	4 personas
🕐	45 minutos
👨‍🍳	Difícil
$	Caro
⚖	340 calorías
🍾	Un vino blanco seco, Ribeiro

4 rodajas de merluza
500 g de patatas
150 g de gambas
1/2 dl de aceite de oliva
1/2 dl de agua
5 hebras de azafrán
2 dientes de ajo
1 dl de vino blanco
2 tomates
Perejil
Sal
Pimienta

1 Se pica el ajo y el perejil. Se ralla el tomate. Se calienta aceite en la olla y se rehoga todo esto. Se añade el azafrán picado y mezclado con el agua y el vino.

2 Se deja cocer unos minutos y se incorporan las patatas, peladas y cortadas en rodajas. Se dejan rehogar.

3 A continuación, se dispone el pescado sobre las patatas. Se salpimenta al gusto y se agregan las gambas, peladas en crudo. Se cierra la olla y se cuece todo, a presión mínima, durante cinco minutos.

4 Finalizada la cocción, se enfría lentamente la olla y se abre. Se vierte el pescado en una fuente y se sirve junto con las patatas y la salsa.

Merluza en vinagreta

👤	4 personas
🕐	30 minutos
👨‍🍳	Difícil
$	Caro
⚖	340 calorías
🍾	Un vino blanco seco, Ribeiro

6 rodajas de merluza
Perejil
1 cebolla pequeña
Aceite
3 huevos duros
Vinagre
1 taza y 1/2 de agua
Sal
Pimienta

1 Se calienta agua en la olla a presión. Cuando empiece a hervir, se incorpora la cebolla finamente picada y parte del perejil. Se van añadiendo con cuidado las rodajas de merluza.

2 En este momento, se cierra la olla y se cuece todo junto, a presión máxima, durante cinco minutos, contando desde el momento en que empiece a sonar el silbido.

3 Mientras, se prepara la vinagreta mezclando en un bol seis cucharadas de aceite y dos y media de vinagre.

4 Cuando estos ingredientes estén bien ligados, se añaden los huevos duros picados y el resto del perejil. Se salpimenta.

5 Transcurrido el tiempo de la cocción, se enfría lentamente y se abre la olla. Se coloca el pescado en una fuente de barro, se cubre con la vinagreta y se sirve caliente.

Mero a la jardinera

👤	**6 personas**
🕐	**30 minutos**
👨‍🍳	**Fácil**
$	**Caro**
⚖	**340 calorías**
🍾	**Un vino blanco seco, Ribeiro**

1 kg de mero
1/2 kg de patatas
1/4 kg de guisantes
3 zanahorias
1 cebolla grande
2 tomates
1 cucharada de harina
1 vasito de vino blanco
1 vaso de agua
Aceite
Sal y pimienta
Perejil

1 Primero, se limpia y trocea el mero cuidando que no queden espinas. Se calientan tres cucharadas de aceite en la olla a presión y se doran en él la cebolla, pelada y cortada muy fina, y la zanahoria.

2 En el momento en que empiecen a tomar color, se espolvorean con harina y se cubren con el agua y el vino. Se agregan los tomates pelados, el perejil picado y los guisantes, y se rehoga durante cinco minutos.

3 A continuación, se añade el mero y las patatas peladas y cortadas en cuadraditos. Se cierra la olla y se cuece todo junto, a presión máxima, durante cinco minutos, contados a partir del momento en que empiece a sonar el silbido.

4 Finalizada la cocción, se enfría lentamente la olla y se abre. Se dispone el mero en una cazuela de barro y se sirve acompañado de las patatas.

Mújol con salsa holandesa

👤	4 personas
🕐	30 minutos
👨‍🍳	Fácil
$	Medio
⚖	320 calorías
🍾	Un vino blanco seco, Ribeiro

1 mújol de 1 kg o 2 pescados de 700 g cada uno
1/2 cebolla
1 puerro
1 zanahoria
1 nabo
1/2 vaso de vino blanco
Pimienta
Perejil
Sal

Para la salsa:
200 g de mantequilla
1 tacita de leche
1 cucharadita de maicena
2 huevos
1 limón
Pimienta blanca
Sal

1 Se pelan y se cortan en rodajas las verduras. Se coloca la rejilla en el fondo de la olla a presión, y se introduce el pescado junto con el puerro, la zanahoria y el nabo.

2 A continuación, se agrega la ramita de perejil y el vino, y se cubre con agua fría. Se cierra la olla y se cuece todo junto, a presión máxima, durante seis minutos, contados desde el momento en que empiece a sonar el silbido.

3 Mientras, se prepara la salsa holandesa: se dispone una cucharadita de mantequilla en un bol y se mezcla con la maicena, las yemas de huevo y tres cucharadas de leche.

4 Se deslía bien y se cuece a fuego lento hasta que esté cremoso. Se retira del fuego y se agrega, poco a poco, el resto de la mantequilla y la leche. Se remueve hasta que la mantequilla se haya derretido totalmente y se reserva.

5 Acabada la cocción, se abre la olla. Se saca el pescado, se coloca en una fuente y se le quita la piel.

6 Por último, se sirve al momento acompañado de la salsa en salsera aparte.

Pastel de bonito

👤	6 personas
🕐	30 minutos
👨‍🍳	Fácil
$	Caro
⚖	320 calorías
🍾	Un vino blanco seco, Ribeiro

1 kg de bonito sin piel ni espinas
5 huevos
5 cucharadas de pan rallado
150 g de aceitunas deshuesadas
150 g de panceta
Aceite
1 vasito de vino blanco
Perejil
1 cebolla
Harina
Sal y pimienta

1 Se desmenuza muy bien el bonito, las aceitunas y la panceta.

2 A continuación, se mezcla con los huevos batidos y el pan rallado, y se salpimenta.

3 Se forma un rollo que se espolvorea con harina.

4 Se calientan cinco cucharadas de aceite en la olla a presión y se dora en él el pastel por todos los lados.

5 Se retira del aceite y se dispone sobre un papel de cocina que absorba la grasa. Se reserva aparte.

6 Seguidamente, se pela y pica la cebolla bien fina y se fríe en el mismo aceite que ha quedado en la olla.

7 Cuando empiece a dorarse, se añade el perejil picado y un poco de harina.

8 Se rehoga y se agrega el vino, un vasito de agua, la sal y la pimienta.

9 En este momento, se coloca la rejilla en la olla y sobre ella, el bonito.

10 Se cierra y se deja cocer todo junto, a presión máxima, durante cinco minutos, contados desde el momento en que empiece a sonar el silbido.

11 Acabada la cocción, se espera a que el vapor de agua haya salido totalmente de la olla y se abre.

12 El pastel de bonito se sirve caliente con su propio jugo, o frío acompañado de salsa mayonesa.

Pescadilla rellena

6 personas
30 minutos
Fácil
Caro
310 calorías
Un vino blanco seco, Ribeiro

1 pescadilla de 1 kg y 1/4
100 g de jamón
1/4 kg de gambas
1/4 kg de chirlas
1 cucharada de pan rallado
1 cucharada de mantequilla
1/2 vaso de vino blanco
El zumo de medio limón
Agua
Sal
Pimienta

1 Para empezar, se lava, se abre y se le quita la piel y la espina a la pescadilla. Se limpian también las chirlas y se disponen en una sartén al calor con un poco de agua hasta que se abran. Después, se mezclan con el pan rallado y la mantequilla.

2 Se extiende la pescadilla sobre una superficie limpia y se rellena con el jamón, las gambas crudas y peladas y las chirlas. Se cierra y se unen los bordes con un palillo.

3 Se coloca la rejilla en la olla y encima se dispone la pescadilla rellena. Se agrega el vino y el zumo de limón y se cierra. Se deja cocer, a presión máxima, durante seis minutos, contados desde el momento en que empiece a sonar el silbido.

4 Transcurrido el tiempo de la cocción, se espera a que el vapor de agua haya salido totalmente de la olla y se abre. Se saca la pescadilla con cuidado y se coloca en una fuente.

5 Minutos antes de servir, se cubre con el jugo que ha soltado, muy caliente.

Pescadilla en salsa de almendras

👤	6 personas
🕐	30 minutos
👨‍🍳	Fácil
$	Medio
⚖️	280 calorías
🍾	Un vino blanco seco, Ribeiro

6 rodajas de pescadilla
250 g de almendras crudas
1 cucharada de zumo de limón
Manteca
Aceite
1 taza de agua
Sal
Pimienta

1 En la preparación de este plato se debe tener en cuenta que las almendras se tienen que dejar en remojo, al menos, un día. Para empezar, se prepara un adobo con el zumo de limón, la pimienta y la sal, y se reboza el pescado en él. Se escurre bien y se reserva.

2 Después, se calienta en la olla a presión una cucharada de manteca y se fríe el pescado por ambos lados. Una vez dorado, se retira y se coloca sobre un papel de cocina que absorba la grasa sobrante.

3 A continuación, se coloca la rejilla en la olla y, encima, la pescadilla. Se cubre con el agua y se cierra la olla. Se deja cocer todo, a presión máxima, durante cuatro minutos, contados desde el momento en que empiece a sonar el silbido.

4 Una vez finalizada la cocción, se enfría lentamente con la ayuda del desvaporizador, y se abre la olla. Se disponen los filetes en una fuente, en un lugar donde se mantengan calientes.

5 Por último, se pican las almendras, se tuestan un poco y se añaden al caldo de la olla con un poco de harina. Se lleva a ebullición, con la olla destapada, sin dejar de remover.

6 Minutos antes de servir, se cubre la pescadilla con esta salsa muy caliente.

Pudín de pescado

👤	6 personas
🕐	60 minutos
👨‍🍳	Fácil
$	Caro
⚖	230 calorías
🍾	Un vino blanco seco, Albariño

3/4 kg de pescado blanco
1 cebolla pequeña
2 puerros
2 zanahorias pequeñas
1 vaso pequeño de vino blanco
200 g de salsa de tomate
Nuez moscada
4 huevos batidos
3 cucharadas de pan rallado o miga de pan
1/2 vasito de leche
Aceite de oliva
Pimienta
Sal

1 Para empezar, se limpian las verduras y se disponen en la olla a presión.

2 Se cubren de agua y se dejan cocer, con la olla cerrada, durante diez minutos, a partir del momento en que empiece a sonar el silbido.

3 Transcurrido el tiempo de cocción, se espera a que haya salido todo el vapor de la olla y se abre.

4 Se incorpora el pescado y el vino blanco. Sin taparla, se lleva a ebullición y se saca el pescado.

5 Se deja enfriar y se desmiga. Se mezcla con las verduras muy picadas, los huevos batidos, la salsa de tomate, el pan y la leche. Se añade también la nuez moscada.

6 Mientras, se unta un molde con aceite. Cuando se haya formado una pasta bien homogénea con todos los ingredientes, se vierte en el molde, que se tapa con papel de aluminio.

7 Se cubre el fondo de la olla con agua y se coloca el molde dentro.

8 Se vuelve a cerrar y se cuece durante treinta minutos.

9 Por último, se enfría lentamente y se abre. Se saca el molde y se deja enfriar. Se desmolda y se sirve.

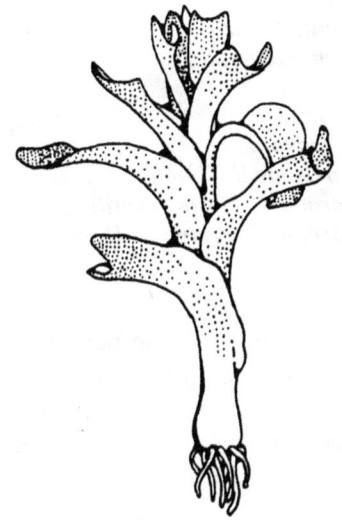

Pudín de truchas y mejillones

👤	6 personas
🕐	45 minutos
👨‍🍳	Difícil
$	Caro
⚖	290 calorías
🍾	Un vino blanco seco, Ribeiro

3 truchas asalmonadas (750 g en total), desprovistas de piel y espinas
20 mejillones
1 cebolla
25 g de piñones
12 cl y 1/2 de leche
12 cl y 1/2 de crema de leche
1 rebanada de miga de pan
3 huevos
2 cucharadas de salsa de tomate
Sal
Pimienta
Nuez moscada
1 dl de vino blanco
30 g de mantequilla

Para la salsa:
1/4 l de mayonesa
El zumo de medio limón
1 cucharada de mostaza verde
3 cucharadas de crema de leche

1 En primer lugar, se pela y se pica la cebolla y se fríe en la olla a presión con la mantequilla. Se cuecen los mejillones al vapor y, una vez abiertos, se rocían con el vino. Se retiran las valvas y se escurren.

2 A continuación, se pican los mejillones junto con la carne de las truchas. Se mezcla con la cebolla, la salsa de tomate, los huevos, los piñones, la leche cocida con la miga de pan, la crema de leche y la nuez moscada. Se salpimenta al gusto.

3 Se unta con mantequilla un molde redondo del mismo diámetro que la cesta de la olla, se forra la base con papel y se vuelve a engrasar. Se vierte la mezcla en el molde, se tapa este con papel de aluminio y se sujeta con una cuerdecita.

4 En este momento, se pone 1/4 l de agua en la olla y, cuando empiece a hervir, se coloca en ella la cesta con el molde. Se cierra la olla y se deja cocer, a presión máxima, durante dieciocho minutos, que se contarán desde el momento en que comience a sonar el silbido.

5 Acabada la cocción, se enfría lentamente y se deja reposar el molde antes de abrir la olla. Se desmolda el pudín.

6 Finalmente, se mezcla la mayonesa con la mostaza, el zumo de limón y la crema de leche. Se cubre el pudín, frío o caliente, con esta salsa y se sirve la restante en una salsera.

Pulpo con arroz

👤	6 personas
🕐	90 minutos
👨‍🍳	Fácil
$	Caro
⚖	310 calorías
🍾	Un vino blanco seco, Ribeiro

3/4 kg de pulpo fresco
300 g de arroz
1/2 vaso de aceite
3/4 l de agua
1 cebolla
1/2 kg de tomates maduros
Sal
Pimienta

1 Primero, se limpia el pulpo y se trocea.

2 Se pone en la olla a presión 3/4 l de agua y se lleva a ebullición. Cuando rompa a hervir, se incorpora el pulpo.

3 En este momento, se cierra la olla y se deja cocer, a presión máxima, durante cuarenta y cinco minutos, contados desde el momento en que empiece a sonar el silbido.

4 Finalizada la cocción, se espera a que el vapor de agua haya salido totalmente de la olla y se abre. Se retira el pulpo y se reserva aparte, en un lugar caliente.

5 Después, se calienta aceite en la olla y se fríe en él la cebolla, pelada y picada bien fina. Cuando empiece a tomar color, se agregan los tomates pelados y sin pepitas y se rehoga todo junto durante unos quince minutos.

6 Se agrega el arroz y 1/2 l de agua. Se cierra la olla de nuevo y se deja cocer durante diez minutos.

7 Transcurrido el tiempo de la cocción del arroz, se enfría lentamente con ayuda del desvaporizador y se abre la olla.

8 Finalmente, se coloca el pulpo en una fuente refractaria y se sirve acompañado del arroz.

Pulpo salteado

👤	6 personas
🕐	45 minutos
👨‍🍳	Fácil
$	Caro
⚖	320 calorías
🍾	Un vino blanco seco, Ribeiro

1 kg y 1/4 de pulpitos
2 dientes de ajo
1 ramita de perejil
1 vaso de vino blanco
1 taza de agua
4 cucharadas de aceite
Sal
Pimienta

1 Se lavan muy bien los pulpitos bajo el chorro de agua, vaciándolos y quitándoles los ojos. Se salpimentan.

2 A continuación, se fríen en la olla en la que habremos calentado previamente el aceite junto con el ajo y el perejil picados. Cuando empiecen a dorarse, se añade el agua y el vino.

3 En este momento, se cierra la olla y se deja cocer, a presión máxima, durante diez minutos, contados desde el momento en que empiece a sonar el silbido.

4 Acabada la cocción, se espera a que el vapor de agua haya salido totalmente de la olla y se abre. Se vierte todo en una cazuela de barro y se sirve caliente. Si la salsa hubiese quedado demasiado clara, habría que darle un hervor, sin cerrar la olla y habiendo retirado ya los pulpitos, hasta que espesase.

Ragout de bacalao

👤	6 personas
🕐	30 minutos
👨‍🍳	Fácil
$	Caro
⚖	360 calorías
🍾	Un vino blanco seco, Ribeiro

1 kg de bacalao
1/2 kg de tomates
1/2 kg de cebollas
Harina
1 vasito de vino blanco seco
10 cucharadas de aceite
1 taza de agua
Sal
Pimienta

1 En la preparación de este plato se debe tener en cuenta que el bacalao ha de estar en remojo, por lo menos, veinticuatro horas. Una vez que ha transcurrido este tiempo se escurre, se desmenuza con cuidado y se enharina.

2 A continuación, se calienta aceite en la olla a presión y se fríen en él las cebollas, peladas y picadas finas. Cuando empiecen a dorarse, se añade el bacalao y los tomates, también pelados y troceados. Se rehoga todo durante aproximadamente unos diez minutos.

3 Se agrega el agua y el vino, se salpimenta al gusto y se cierra la olla.

4 Se deja cocer, a presión máxima, durante quince minutos, contados desde el momento en que empiece a sonar el silbido.

5 Acabada la cocción, se espera a que el vapor de agua haya salido totalmente de la olla y se abre.

6 Se vierte el contenido en una cazuela de barro y se sirve caliente.

Rape a la sidra

👤	4 personas
🕐	30 minutos
👨‍🍳	Difícil
$	Caro
⚖️	340 calorías
🍾	Un vino blanco seco, Ribeiro

4 rodajas gruesas de rape
8 langostinos medianos
1 manzana golden
1 cebolla mediana
2 dl de sidra
1 cucharadita de harina
1 cucharadita de tomate concentrado
5 hebras de azafrán
30 g de mantequilla
Aceite de oliva
1 limón
Pimienta
Sal

1 Para empezar, se pela la manzana y se rocía con limón.

2 Con la ayuda de una cucharilla especial, se forman doce bolitas y se ralla la manzana restante.

3 Después, se pica la cebolla. Se calienta el aceite y la mantequilla en la olla y se fríen las bolitas de manzanas hasta que se doren. Se reservan.

4 A continuación, se fríe la cebolla pelada y picada en el mismo aceite. Cuando esté a punto de dorarse, se agrega la manzana rallada y la harina, y se deja dorar. Se rocía con la sidra y se agrega el extracto de tomate. Se deja cocer unos segundos.

5 Seguidamente, se machaca el azafrán en el mortero, se diluye con un poco de salsa y se añade al guiso.

6 Se dispone el pescado en la olla, así como los langostinos y las bolitas de manzana. Se salpimenta al gusto.

7 Se cierra la olla y se cuece todo, a presión mínima, durante cinco minutos, contados desde el momento en que empiece a sonar el silbido.

8 Acabada la cocción, se enfría rápidamente y se abre. Se pasa el contenido de la olla a una cazuela de barro y se sirve caliente.

Salmonetes guisados con alcachofas

👤	4 personas
🕐	40 minutos
👨‍🍳	Fácil
$	Caro
⚖️	280 calorías
🍾	Un Condado de Huelva

12 salmonetes de aproximadamente 70 g cada uno, limpios
4 corazones de alcachofa
1/2 vaso de vino blanco seco
1 puerro
Harina
1 ramita de perejil
1 diente de ajo
1 cucharada de zumo de limón
Aceite de oliva
Pimienta
Sal

Segundos platos

1 En primer lugar, se limpia bien el puerro y se trocea.

2 Se pela el ajo y se cortan los corazones de alcachofa en cuartos.

3 Se ponen las verduras y el ajo en la olla a presión, se salpimentan y se rocían con vino.

4 Se añaden dos cucharadas de aceite, medio vaso de agua y el zumo de limón.

5 Se cierra la olla y se cuece durante diez minutos desde el momento en que se comienza a escuchar el silbido.

6 Mientras tanto, se lava el pescado, se seca con papel de cocina y se enharina.

7 Se calienta el aceite restante en una cacerola plana y se fríen en él los salmonetes.

8 Cuando el pescado esté dorado, se añaden las verduras.

9 Se rectifica la sal y la pimienta, se tapa y se cuece, a fuego lento, durante veinte minutos.

10 Por último, se pica el perejil. Se disponen los salmonetes en una fuente con las verduras y el jugo de la cocción. Se espolvorean con el perejil picado y se sirven calientes.

Sepia con albondiguillas de carne

👤	6 personas
🕐	45 minutos
👨‍🍳	Fácil
$	Caro
⚖	320 calorías
🍾	Un vino blanco seco, Ribeiro

750 g de sepias, limpias
300 g de carne de ternera picada
100 g de carne picada de cerdo
1 huevo
1/2 diente de ajo
1 rebanada de miga de pan
1/2 dl de leche
Harina
Aceite de oliva
Sal

Para la salsa:
1 cebolla grande
1 cucharada sopera de extracto de tomate
20 g de harina
1 hoja de laurel
1/2 dl de vino blanco
1/4 l de agua
10 g de setas secas

1 Se ponen a remojo las setas. Se mezclan los dos tipos de carnes picadas con el huevo, el ajo picado, la sal y la pimienta. Se calienta la leche con la miga de pan y se mezcla también con las carnes.

2 Se forman pequeñas albondiguillas y se enharinan. Se calienta aceite en la olla a presión y se fríen en él las albóndigas. Una vez doradas, se reservan.

3 Se saltea la sepia cortada en dados en la misma grasa que ha quedado en la olla.

4 Seguidamente, se hace lo mismo con la cebolla pelada y picada fina. Cuando esté dorada, se añade la harina, el extracto de tomate, el vino, el laurel y el agua.

5 Se incorporan de nuevo a la olla las albondiguillas, la sepia y las setas escurridas. Se remueve todo bien, se sala y se cierra la olla. Se deja cocer, a presión mínima, durante cinco minutos.

6 Acabada la cocción, se trasladan las albondiguillas y la sepia a una fuente y se sirven al momento.

Zarzuela de pescado

👤	**6 personas**
🕐	**60 minutos**
👨‍🍳	**Fácil**
$	**Caro**
⚖	**340 calorías**
🍾	**Un vino blanco seco, Ribeiro**

3/4 kg de pescadilla
1/2 kg de rape
1/4 kg de congrio
1 cebolla
2 dientes de ajo
3 tomates
3 carabineros
1/2 kg de mejillones
1/4 kg de chirlas
Perejil
Pimentón
Harina
Limón
5 cucharadas de aceite de oliva
2 cucharadas de agua
Sal y pimienta

1 Primeramente, se da un hervor a los pescados y a los mariscos.

2 Se escurren y se ponen a enfriar. Se reserva el agua.

3 Se desmenuzan los pescados cuidando que no queden espinas.

4 Se les quita las conchas a los moluscos y se parten en trozos los carabineros.

5 Después, se calienta el aceite en la olla a presión y se fríe en él la cebolla, pelada y picada fina.

6 Cuando empiece a ponerse transparente, se añaden los ajos, el tomate picado y sin piel y, por último, el pescado y los mariscos.

7 Se deja rehogar durante cinco minutos y se agregan dos vasos del agua reservada.

8 En este momento, se cierra la olla a presión y se deja cocer, a presión mínima, durante cinco minutos, que se contarán desde el momento en que empiece a sonar el silbido.

9 Transcurrido el tiempo de la cocción, se enfría lentamente con el desvaporizador y se destapa la olla. Se rectifica la sal.

10 Se trasladan los pescados y mariscos a una fuente precalentada y se sirven con el perejil picado por encima.

Postres

Todos coincidimos en afirmar que las frutas nos proporcionan gran número de vitaminas y que son absolutamente necesarias para una completa y nutritiva dieta.

La olla a presión es ideal para preparar postres con frutas, pues conserva todo el color que estas tenían antes de ser cocidas y mantiene su exquisito sabor.

La cocción en la olla a presión resulta idónea también para la preparación de confituras, compotas, frutas en almíbar, pudines y flanes (estos dos últimos se cocerán dentro del cesto del que está provisto la olla).

Los moldes que se utilizarán deberán acoplarse a las medidas del cesto. Si el molde es de aluminio se cocerá con más rapidez que si es de pyrex o de barro. Esto debe tenerse siempre en cuenta. También es importante elegir un molde que sea más pequeño que la olla, ya que debe quedar espacio, tanto por los lados como por encima, para que circule el vapor y conseguir así una cocción óptima y uniforme. Los moldes deberán taparse con papel de aluminio o semivegetal, y sujetarse con una cuerda fina o hilo.

Una vez que el flan o pudín ya está cocido, para asegurar su perfecta preparación, es aconsejable dejarlo un rato dentro de la olla, cerrada.

Postres

Arroz con leche

👤	6 personas
🕐	30 minutos
👨‍🍳	Fácil
$	Económico
⚖	120 calorías
🍾	Un vino dulce

1 l de leche
500 g de arroz
200 g de azúcar
1 corteza de limón
Canela en rama

1 Se disponen todos los ingredientes en la olla a presión y se remueven bien para que se mezclen.

2 A continuación, se cierra la olla y se deja cocer todo durante quince minutos, que se contarán a partir del momento en que suena el silbido.

3 Transcurrido el tiempo de la cocción, se deja que salga todo el vapor, se abre la olla y se retira la canela.

4 Se mezcla bien para deshacer los posibles grumos.

5 Por último, se vierte el contenido de la olla en seis platitos individuales y se sirve frío o caliente.

Bizcocho de chocolate

👤	6 personas
🕐	30 minutos
👨‍🍳	Fácil
$	Económico
⚖	200 calorías
🍾	Un vino rosado, de Navarra

6 onzas de chocolate
6 cucharadas de azúcar
4 cucharadas de mantequilla
2 vasos de leche
200 g de harina
3 huevos
1 cucharadita de levadura

1 Para empezar, se disuelve el chocolate con un poco de agua, al baño maría. Se reserva. En un bol aparte, se baten los huevos y el azúcar.

2 Se incorpora, poco a poco, la harina mezclada con la levadura. Se añade la mantequilla y la leche y, en el último momento, el chocolate. Se remueve todo.

3 Se unta un molde con manteca y se vuelca la mezcla en él. Se tapa y se ata. Seguidamente, se coloca la olla a presión en el fuego con una taza de agua. En el momento en que el agua rompa a hervir, se introduce el molde. Se tapa la olla y se deja cocer todo durante diez minutos.

4 Finalizada la cocción, se deja que salga todo el vapor, se abre la olla y se retira el molde. Se deja enfriar unos minutos y se desmolda sobre un plato o bandeja redonda adornada con una blonda de papel. El bizcocho ya está listo para llevar a la mesa.

Buñuelos de manzana

👤	8 personas
🕐	30 minutos
👨‍🍳	Fácil
$	Económico
⚖	190 calorías
🍾	Un vino dulce

24 buñuelos, preparados
1 kg de manzanas
130 g de azúcar
3 dl de leche
1 sobrecito de vainilla en polvo
1 cucharadita de maicena
3 yemas de huevo
Canela en polvo

1 En primer lugar, se pelan las manzanas, se parten por la mitad, se eliminan los corazones y se trocean.

2 A continuación, se disponen en la olla a presión, se añaden 50 g de azúcar, un pellizco de canela y un vaso de agua. Se cierra la olla y se cuece todo durante diez minutos, que se contarán a partir del momento en que suene el silbido.

3 Mientras tanto, en un puchero, se calienta la leche con la vainilla y se reserva caliente.

4 Transcurrido el tiempo de cocción, se espera que el vapor salga de la olla y se abre. Se pasa el puré de manzana resultante por el tamiz y se pone en una manga pastelera con boca lisa.

5 Se rellenan los buñuelos con esta pasta y se disponen en una bandeja de hornear. Se precalienta el horno a 250 C.

6 Seguidamente, se ponen en un cazo las yemas con el azúcar restante y la maicena y se trabaja todo bien. Se añade la leche caliente con la vainilla, se mezcla y se cuece a fuego lento durante cinco minutos, removiendo constantemente, hasta que empiece a espesarse.

7 Por último, se vierte este preparado sobre los buñuelos y se hornean cinco minutos, hasta que se doren.

Compota navideña

👤	4 personas
🕐	25 minutos
👨‍🍳	Fácil
$	Económico
⚖	280 calorías
🍾	Un vino dulce

250 g de albaricoques secos (orejones)
300 g de ciruelas
150 g de higos
3 manzanas
1 naranja cortada en rodajas
El zumo de una naranja
El zumo de un limón
150 g de pasas sultanas
175 g de azúcar
1/2 rama de canela
100 g de guindas en almíbar
3 dl de vino blanco

1 Se cortan las manzanas en gajos, con piel. Se retira el corazón y se rocían con el zumo de limón.

2 Después, se calienta en la olla a presión el vino, el azúcar, la canela y el zumo de naranja. Se prepara con estos ingredientes un almíbar, dejándolos cocer durante seis minutos, con la olla destapada.

3 A continuación, se agregan todos los ingredientes excepto las guindas. Se tapa la olla y se deja cocer todo junto durante ocho minutos, contados desde el momento en el que empiece a sonar el silbido, a presión mínima.

4 Durante la cocción, se va rebajando la presión lentamente.

5 Una vez terminada la cocción, se espera a que haya salido todo el vapor de agua de la olla y se abre. Se dispone la compota en un cuenco y se deja enfriar.

6 Finalmente y momentos antes de servir, se decora con guindas.

Confitura de albaricoque

👤	6 personas
🕐	30 minutos
👨‍🍳	Fácil
$	Económico
⚖	140 calorías
🍾	Un vino rosado, de Navarra

1 kg de albaricoque
800 g de azúcar
Corteza de limón
1 vaso de agua

1 En primer lugar, se lavan bien los albaricoques bajo el agua del grifo y se les quita el hueso. Se reservan. Se coloca la olla a presión en el fuego con agua, el azúcar y la corteza del limón.

2 Se lleva a ebullición, durante cinco minutos, sin cerrarla. De esta manera queda preparado el almíbar.

3 A continuación, se pone la rejilla en la olla y se incorporan los albaricoques. Se tapa la olla y se deja cocer durante quince minutos, contados como siempre a partir del momento en que suene el silbido.

4 Al finalizar la cocción, se deja que salga todo el vapor, se abre la olla y se vierte el contenido en tarros, que se dejarán destapados durante veinticuatro horas para que se forme una costra que impida la entrada de aire.

Confitura de fresas

👤	6 personas
🕐	30 minutos
👨‍🍳	Fácil
$	Económico
⚖	140 calorías
🍾	Un vino dulce

1 kg de fresones maduros
800 g de azúcar
Corteza de limón
1 vaso de agua

1 Se lavan bien los fresones, se les quita el rabillo y se colocan en la olla a presión junto con el agua, el azúcar y la corteza del limón.

2 Se cierra la olla y se deja cocer todo durante diez minutos, contados desde el momento en que empiece a sonar el silbido.

3 Acabada la cocción, se deja que salga el vapor y se abre la olla. Si hubiera quedado algún fresón entero, se pasa por la batidora. Se deja enfriar.

4 Se introduce la confitura en tarros de cristal que se dejarán destapados durante veinticuatro horas, con el fin de que se forme una costra que impida la entrada de aire.

3 Seguidamente, se cierra la olla y se deja cocer durante cinco minutos, contando desde el momento en que suena el silbido.

4 Transcurrido este tiempo, se deja que salga todo el vapor, se abre la olla y se vierte la confitura en tarros de cristal, que se dejarán destapados durante veinticuatro horas para que se forme una costra que impida la entrada de aire.

Confitura de naranja

👤	6 personas
🕐	30 minutos
👨‍🍳	Fácil
$	Económico
⚖	140 calorías
🍾	Un vino rosado, de Navarra

1 naranja
1 limón
1 manzana
1 kg de azúcar
1 l de agua

1 Primero, se lavan bien las frutas, se cortan sin pelar y se pasan por la batidora, con un poco de agua, sin que se deshagan del todo.

2 A continuación, se colocan en la olla a presión y se llevan a ebullición con el resto del agua, durante quince minutos, con la olla destapada.

Copas de compota de manzana, pasas, nueces y nata

👤	4 personas
🕐	15 minutos
👨‍🍳	Fácil
$	Económico
⚖	180 calorías
🍾	Un vino rosado, de Navarra

1/2 kg de manzanas
40 g de nueces
100 g de pasas sultanas
El zumo de un limón
Ralladura de limón
1/2 rama de canela
1 dl y 1/2 de vino blanco
150 g de azúcar
250 g de nata

1 Se pelan las manzanas, se rocían con el zumo de limón y se cortan en dados pequeños.

2 Se colocan en la olla a presión junto con el azúcar y las raspaduras de limón.

Se deja que empiecen a caramelizarse y se rocían con el vino. Se añaden la canela y las pasas.

3 Se cierra la olla y se deja cocer todo durante cinco minutos, contados desde el momento en el que empieza a sonar el silbido. Se va rebajando la presión lentamente.

4 Acabada la cocción, se espera a que todo el vapor haya salido de la olla y se abre. Se deja enfriar y se mezcla con las nueces troceadas.

5 Por último, se reparte esta mezcla en cuatro copas y se decoran con nata. Se sirven frías.

Dulce de cabello de ángel

👤	6 personas
🕐	45 minutos
👨‍🍳	Fácil
$	Económico
⚖	190 calorías
🍾	Un vino dulce

2 kg de calabaza
El peso de la pulpa en azúcar
La ralladura de un limón
Canela

1 En primer lugar, se cortan las calabazas en trozos grandes, se les quitan las pepitas y las hebras, se colocan en la olla y se cubren con agua fría.

2 A continuación, se tapa la olla y se deja cocer todo durante quince minutos, contando desde el momento en que suena el silbido.

3 Acabada la cocción, se sacan los trozos de calabaza y se separa la pulpa de la corteza. Se lava bajo el chorro de agua fría y se envuelve en un paño blanco, para escurrirla bien.

4 Se pasa por el pasapurés, se introduce otra vez en la olla y se mezcla con la ralladura del limón, la canela y su peso en azúcar. Se cubre con agua.

5 Seguidamente, se vuelve a cerrar la olla y se cuece durante otros diez minutos.

6 Por último, se vierte el contenido de la olla en un cuenco grande. Este dulce es muy apropiado como guarnición de platos fríos de carne o canapés.

Dulce de castañas

👤	6 personas
🕐	45 minutos
👨‍🍳	Fácil
$	Económico
⚖	200 calorías
🍾	Un vino dulce

1 kg de castañas
1 kg de azúcar
2 vasitos de agua (para el jarabe)

1 Se cuecen las castañas enteras en la olla a presión, durante quince minutos.

2 Se retira la olla del fuego. Se pelan las castañas en caliente, quitando bien la segunda piel. Se prepara un puré con ellas y se reserva aparte.

3 Mientras, se prepara el jarabe hirviendo durante unos minutos el azúcar y el agua, con la olla destapada.

4 A continuación, se añade el puré de castañas al jarabe y se hierve todo junto, durante quince minutos más, sin dejar de remover.

5 Acabada la cocción, se vierte el dulce de castañas bien cuajado en moldes individuales, adornado con merengue o nata montada.

Dulce de membrillo

👤	**6 personas**
🕐	**60 minutos**
👨‍🍳	**Fácil**
$	**Económico**
⚖	**150 calorías**
🍾	**Un vino rosado, de Navarra**

12 membrillos grandes y amarillos
El peso de los membrillos en azúcar

1 Se introducen los membrillos en la olla a presión y se cuecen en ella, a presión máxima, durante veinte minutos, contados desde el momento en que comienza a sonar el silbido.

2 Acabada la cocción, se deja que salga todo el vapor y se abre la olla. Se sacan los trozos de membrillo, se pelan y se pasa la pulpa por el chino.

3 Se dispone la pulpa en un cazo, se le añade el azúcar y se remueve bien. Se introduce otra vez en la olla y se cuece durante otros treinta minutos, esta vez con la olla destapada, y sin dejar de remover.

4 Transcurrido este tiempo, se vierte el preparado en moldes y se deja enfriar.

Flan

👤	**6 personas**
🕐	**30 minutos**
👨‍🍳	**Fácil**
$	**Económico**
⚖	**120 calorías**
🍾	**Un vino rosado, de Navarra**

6 huevos
6 cucharadas de azúcar
3 tazas de leche
1 palo de canela
La ralladura de un limón

1 Se pone al fuego la leche, el azúcar y la canela, y se calienta durante unos diez minutos, disolviendo bien el azúcar. Se retira del fuego.

2 Se separan las claras de las yemas y se dejan estas últimas en un bol. Se rompen las yemas, sin batir, y se les va añadiendo, con mucho cuidado, la leche ya templada.

3 A continuación, se prepara el caramelo en la flanera con dos cucharadas de azúcar y agua. Se cubre con él perfectamente el fondo y las paredes.

4 En este momento, se vierte la preparación en la flanera y se cubre con papel de aluminio o con una tapadera que encaje bien. Se coloca la flanera en la olla a presión con agua en el fondo (que en ningún caso debe sobrepasar la mitad de la flanera).

5 Seguidamente, se tapa la olla y se deja cocer, a presión máxima, durante diez minutos, contados como siempre a partir del momento en que suene el silbido.

6 Finalizada la cocción, se deja que salga todo el vapor y se abre la olla. No se desmoldará el flan hasta que esté completamente frío.

Flan de coco y nueces

👤	6 personas
🕐	30 minutos
👨‍🍳	Fácil
$	Económico
⚖	120 calorías
🍾	Un vino rosado, de Navarra

3 huevos enteros
1 yema de huevo
1 bote pequeño de leche condensada
La misma capacidad del bote, de leche natural
25 g de nueces
Las raspaduras de un limón
100 g de coco rallado
75 g de azúcar
Zumo de limón para el caramelo

1 Se mezclan los huevos enteros con la yema, la leche condensada, la leche natural y las raspaduras de limón.

2 Se calienta el azúcar con una cucharadita de zumo de limón en un molde redondo que quepa en la cesta de la olla y se prepara un caramelo. Se deja templar y se le añaden las nueces troceadas.

3 A continuación, se vierte en el molde, ya frío, la preparación anterior, previamente colada. Se añade el coco rallado y se remueve bien. Se tapa con papel de aluminio y se sujeta con una cuerda fina.

4 Seguidamente, se calienta en la olla a presión 1/4 l de agua y se dispone la cesta con el molde dentro. Se tapa la olla y se deja cocer, a presión máxima, durante quince minutos, contados desde el momento en que empiece a sonar el silbido.

5 Una vez finalizada la cocción, se espera a que el vapor de agua haya salido de la olla y se abre. Se deja enfriar su contenido lentamente.

6 Para terminar, se destapa el molde y se deja enfriar antes de desmoldar el flan, que puede servirse frío, adornado con nata dispuesta en la manga pastelera con una boquilla rizada.

Flan de manzanas

👤	6 personas
🕒	45 minutos
👨‍🍳	Fácil
$	Económico
⚖️	130 calorías
🍾	Un vino rosado, de Navarra

6 manzanas
6 cucharadas de azúcar
Agua
1 vasito de vino dulce
6 huevos
3/4 l de leche
Canela en polvo

1 Se pelan y se cortan las manzanas en láminas; se colocan en la olla junto con el vino, la canela y cuatro cucharadas de agua.

2 Se cierra y se deja cocer, a presión máxima, durante tres minutos, contados a partir del momento en que empiece a sonar el silbido.

3 Mientras, se caramelizan un molde y se reserva. Por otro lado, se baten los huevos con el azúcar y la leche.

4 Finalizada la cocción, se espera a que el vapor haya salido de la olla y se abre. Se deja enfriar lentamente el contenido. Se retiran las manzanas de la olla, se unen a la mezcla de leche y azúcar, y se bate todo bien.

5 A continuación, se vierte esta mezcla en el molde o flanera y se cubre con papel de aluminio. Se dispone el contenido de una taza de agua en la olla a presión y se lleva a ebullición.

6 En el momento en el que empiece a hervir, se coloca el molde y se deja cocer, a presión máxima, durante diez minutos. Transcurrido este tiempo, se enfría lentamente con el desvaporizador y se abre la olla.

7 Finalmente, se destapa la flanera y se deja enfriar antes de desmoldar el flan.

Manzanas rellenas de orejones y avellanas

👤	4 personas
🕒	15 minutos
👨‍🍳	Fácil
$	Económico
⚖️	190 calorías
🍾	Un vino dulce

4 manzanas grandes
40 g de avellanas tostadas
75 g de orejones de albaricoque
40 g de azúcar
1 clara de huevo
1/2 limón

Para el almíbar:
100 g de azúcar
1/2 ramita de canela
El zumo de medio limón
2 dl de vino blanco

1 En primer lugar, se pelan las manzanas y se rocían con limón. Se retira el corazón sin llegar a vaciar completamente por el otro extremo.

2 A continuación, se pican las avellanas junto con los orejones previamente remojados con el vino (que se reservará para el almíbar) y bien escurridos. Se añade el azúcar y la clara de huevo montada a punto de nieve.

3 Se calienta el vino en la olla a presión junto con el azúcar, el limón y la canela. Cuando empiece a calentarse, se añaden las manzanas, ya rellenas con la preparación anterior.

4 Seguidamente, se rocían con un poco de almíbar y se cierra la olla. Se deja cocer todo durante seis minutos, a presión mínima.

5 Acabada la cocción, se espera a que todo el vapor haya salido de la olla y se abre. Se dejan enfriar las manzanas lentamente. Por último, se sirven en una fuente rociadas con el almíbar.

Mousse de manzana

👤	6 personas
🕐	30 minutos
👨‍🍳	Fácil
$	Económico
⚖	200 calorías
🍾	Un vino rosado, de Navarra

500 g de manzanas
100 g de uvas pasas
2 cucharadas de azúcar
Canela en rama
1/2 vaso de vino blanco seco

1 Se pelan las manzanas, se cortan en cuartos y se les quita el centro.

2 Se colocan en la olla a presión con las uvas pasas previamente remojadas, el azúcar, la canela y el vino.

3 Se tapa la olla y se deja cocer durante ocho minutos.

4 Finalizada la cocción, se deja que salga todo el vapor, se abre la olla, se retira la canela y se mezcla bien para lograr que se deshagan las manzanas.

5 Se sirve este postre frío o caliente.

Peras al vino tinto

👤	4 personas
🕐	30 minutos
👨‍🍳	Fácil
$	Económico
⚖	130 calorías
🍾	Un vino rosado, de Navarra

8 peras blanditas de tamaño medio
175 g de azúcar
Las raspaduras de un limón
El zumo de medio limón
1/2 rama de canela
25 cl de vino tinto
Un poco de pimienta blanca

Para la guarnición:
250 g de nata montada

1 Para empezar, se pelan las peras, sin quitarles el rabito, y se rocían con el jugo de limón.

2 Se calienta en la olla el vino con el azúcar, la piel y el jugo del limón, la rami-

Postres

ta de canela y la pimienta blanca. Se cuece todo, sin tapar la olla, hasta que el almíbar empiece a espesar.

3 A continuación, se disponen las peras dentro de la olla y se cierra. Se cuecen a presión máxima, durante ocho minutos, contados desde el momento en el que empiece a sonar el silbido.

4 Acabada la cocción, se espera a que salga todo el vapor y se abre la olla. Se dejan enfriar las peras lentamente. Se les da la vuelta y se cuecen durante dos minutos más, esta vez con la olla destapada.

5 Finalmente, se sirven frías, en una fuente de cristal y rociadas con el almíbar. Se decoran con la nata, empleando la manga pastelera con boquilla rizada.

Pudín

👤	6 personas
🕐	30 minutos
👨‍🍳	Fácil
$	Económico
⚖	200 calorías
🍾	Un vino dulce

150 g de azúcar
3/4 l de leche
3 cucharadas de sémola
150 g de ciruelas pasas
8 huevos
50 g de piñones

1 Se hierve la leche y se va incorporando la sémola en forma de lluvia, sin dejar de remover para que no se formen grumos.

2 Se añade el azúcar y se retira del fuego. Se agregan los piñones y las ciruelas deshuesadas y troceadas.

3 A continuación, se incorporan los huevos batidos y se remueve bien. Se forra un molde con papel engrasado, se vierte la mezcla en él, se tapa con papel de aluminio y se ata.

4 Se pone agua en la olla, hasta una altura de dos dedos aproximadamente, y cuando empiece a hervir se introduce el molde; se cierra y se deja cocer, a presión máxima, durante diez minutos, contados desde el momento en que empieza a sonar el silbido.

5 Finalizada la cocción, se espera a que todo el vapor haya salido y se abre la olla.

6 Se deja enfriar y se desmolda.

Pudín de pan

👤	6 personas
🕐	30 minutos
👨‍🍳	Fácil
$	Económico
⚖	180 calorías
🍾	Un vino rosado, de Navarra

3 tazas de miga de pan
6 cucharadas de azúcar
Manteca de vaca
150 g de uvas pasas
1 l de leche
5 huevos
Corteza de limón
Agua

1 Se pone a hervir la leche con el azúcar, la corteza de limón y las uvas pasas. Se separa una taza de leche hervida en un bol.

2 En la leche hervida que se ha reservado, se incorpora la miga de pan y se aplasta con un tenedor para que se deshaga bien. Se deja reposar.

3 Transcurridos quince minutos, se añaden los huevos batidos y el resto de la leche.

4 Se carameliza un molde y se vuelca en él la mezcla (es preferible que el molde no se llene por completo). Se tapa con papel de aluminio y se sujeta bien.

5 En este momento, se pone la olla a presión en el fuego con una taza y media de agua. Cuando empiece a hervir, se introduce el molde.

6 Se tapa la olla y se deja cocer todo durante aproximadamente diez minutos, contados a partir del momento en que comienza a sonar el silbido.

7 Finalizada la cocción, se deja que salga todo el vapor, se abre la olla y se retira el molde.

8 Se deja enfriar unos minutos y se desmolda sobre un plato o bandeja. Se sirve caliente.

Tocinillo de almendras

👤	6 personas
🕐	35 minutos
👩‍🍳	Fácil
$	Económico
⚖	190 calorías
🍾	Un vino dulce

500 g de azúcar
6 huevos
8 yemas de huevo
200 g de almendras molidas

1 Primero, se prepara el caramelo con dos cucharadas de azúcar en el molde donde se va a realizar el tocinillo, y se reserva.

2 Se pone a cocer agua con el resto del azúcar en la olla a presión, quedando listo el almíbar en quince minutos.

3 Se baten los huevos con las yemas y se les añade el almíbar y la almendra molida. Se mezcla bien y se vierte en el molde.

4 Se ponen a hervir dos dedos de agua en la olla a presión, se coloca la rejilla en el fondo y se introduce el molde, previamente tapado con papel de aluminio.

5 Seguidamente, se cierra la olla y se deja cocer durante diez minutos, a presión mínima.

6 Transcurrido el tiempo de la cocción, se espera a que todo el vapor haya salido de la olla y se abre. Se deja enfriar y se desmolda sobre una fuente redonda.

Postres

Tocino de cielo

👤	6 personas
🕐	45 minutos
👨‍🍳	Fácil
$	Económico
⚖	190 calorías
🍷	Un vino rosado, de Navarra

12 huevos
400 g de azúcar
1 vaso de agua
La corteza de un limón

1 Se calienta en la olla el agua, el azúcar y la corteza del limón hasta obtener un almíbar fino. Se unta con un poco de este almíbar el interior del molde.

2 Después, se separan las claras de las yemas, y se trabajan estas últimas con el almíbar, batiendo constantemente. Se vierte esta mezcla en el molde, colándola a través de un tamiz fino. Se cubre el molde con papel de aluminio.

3 A continuación, se llevan a ebullición dos dedos de agua en la olla a presión. Cuando comience a hervir, se coloca la rejilla y se introduce el molde.

4 Se cierra la olla y se deja cocer diez minutos, a presión mínima.

5 Transcurrido este tiempo, se espera a que todo el vapor haya salido de la olla y se abre.

6 Se deja enfriar, se desmolda y se coloca en una bandeja, cortado en cuadros.

Yogur

👤	6 personas
🕐	30 minutos
👨‍🍳	Fácil
$	Económico
⚖	125 calorías
🍷	—

1 l de leche
1 yogur

1 Se calienta la leche hasta que comience a hervir.

2 Mientras, se llevan a ebullición, con la olla cerrada, 2 l de agua, y se mantienen hirviendo durante un minuto. Transcurrido este tiempo, se abre la olla y se vacía.

3 Se mezcla la leche con el bote de yogur y se reparte en seis moldes.

4 Se introducen los moldes en la olla, se cierra y se mantienen así durante cinco horas, en un lugar templado.

5 Por último, se abre la olla y se guardan los yogures en la nevera, listos para ser tomados en cualquier momento.

Salsas

El acompañamiento de una salsa puede convertir una simple carne hervida en un apetitoso plato.

A muchas personas les gusta la carne, el pescado o las verduras hervidas aderezadas simplemente con un poco de sal, pero en la cocina actual existen salsas adecuadas para acompañar estos platos.

Preparando las salsas en la olla a presión se puede disfrutar de un producto fresco y sin conservantes, sin tener que perder por ello demasiado tiempo.

En los sofritos de la salsa es importante que tanto la cebolla como el tomate estén bien dorados antes de añadir el líquido, sea este caldo o vino. Una vez elaborada la salsa, se puede añadir nuevamente la carne (o lo que se vaya a cocinar), se cierra la olla y se procede a su cocción.

En caso de destapar la olla y resultar la salsa demasiado clara, es posible retirar la carne y dejar que reduzca con la olla destapada hasta que esté en su punto.

Se debe tener en cuenta que si se prepara un guiso con antelación, la salsa se debe dejar más clara y más abundante, ya que al reposar siempre espesa.

Las salsas que se presentan a continuación son sencillas y rápidas de hacer.

Fondo oscuro

👤	4 personas
🕐	4 horas
👨‍🍳	Fácil
$	Económico
⚖️	160 calorías
🍾	—

1 kg de huesos y despojos de carne troceados, preferentemente de carnes rojas
100 g de zanahorias en dados
100 g de apios troceados
2 cucharadas de tomate concentrado
1/2 l de vino tinto
1 ramillete oloroso con tomillo, perejil y laurel
2 cucharadas de aceite
Sal
Pimienta molida

1 En primer lugar, se tuestan los huesos en el horno a 220 C con un poco de aceite. Se añaden las verduras y se hornean durante 10 minutos.

2 Seguidamente, se escurre la grasa y se agrega el tomate y el vino; se deja evaporar.

3 Se coloca todo en la olla y se cubre con agua. Se cierra y se cuece, a presión máxima, durante 3 horas.

4 Una vez finalizada la cocción, se espera a que todo el vapor haya salido de la olla, y se abre. Se añaden las hierbas y se sazona ligeramente.

5 Por último, se tamiza el caldo. Se retira la grasa que se haya formado en la superficie y se deja enfriar.

Fondo rubio

👤	4 personas
🕐	80 minutos
👨‍🍳	Fácil
$	Económico
⚖️	120 calorías
🍾	—

1 kg de huesos de ternera troceados
1 kg de menudillos de ave
100 g de zanahorias
200 g de cebollas
1 puerro
50 g de apio
1 ramillete de perejil
1 hoja de laurel
1 ramita de tomillo
Sal
Pimienta recién molida

1 Para empezar, se disponen los huesos y los menudillos en la olla a presión y se cubren con agua.

2 En este momento, se cierra la olla y se cuece, a presión mínima, durante una hora, que se comenzará a contar en el momento en que empiece a sonar el silbido.

3 Transcurrido el tiempo de la cocción, se espera a que el vapor haya salido de la olla, y se abre. Se añade la verdura troceada y las hierbas.

4 Por último, se cuela con un paño y se sazona. Se deja enfriar y se retira la grasa que se forme en la superficie.

Salsas

Fondo de verdura

👨	4 personas
🕐	25 minutos
👒	Fácil
$	Económico
⚖️	150 calorías
🍾	—

1 kg de verduras por cada litro de agua (puerro, zanahorias, apio, tomates, hinojo, etcétera)
Sal

1 Se lavan las verduras y se trocean.

2 Se introducen en la olla con el agua y se cuecen, con la olla cerrada, durante unos 20 minutos, contados desde el momento en que la válvula comienza a silbar.

3 Transcurrido el tiempo de cocción, se enfría rápidamente la olla, se abre y se cuela el caldo con un colador fino. Se sazona al gusto.

Fumet de pescado

👨	4 personas
🕐	25 minutos
👒	Fácil
$	Económico
⚖️	130 cal
🍾	—

1 kg de raspas de pescado (sólo pescado blanco: rodaballo, lenguado, etc.)
100 g de cebollas en aros
150 g de champiñones limpios, cortados en laminillas
10 g de pimienta
1 hoja de laurel
1/2 l de vino blanco seco
Sal
Pimienta recién molida

1 Se disponen todos los ingredientes en la olla a presión y, seguidamente, se cubren con agua.

2 Se cierra la olla y se cuece todo, a presión máxima, durante aproximadamente unos veinte minutos, que se contarán desde el momento en el que empiece a sonar el silbido producido por la válvula de la olla.

3 Transcurrido el tiempo de la cocción, se enfría rápidamente con la ayuda del desvaporizador, y se abre la olla.

4 Se cuela el contenido con un paño y se sazona.

Salsa de albahaca

👤	4 personas
🕐	20 minutos
👨‍🍳	Fácil
$	Económico
⚖️	120 calorías
🍾	—

1 chalota picada
1/2 diente de ajo machacado
200 ml de vino blanco seco
1 yema de huevo
4 cucharadas de mantequilla muy fría
2 cucharadas de nata
1 manojo de albahaca
1 cucharada de tomates cortados en daditos

1 En primer lugar, se calienta una parte de la mantequilla en la olla a presión y se sofríe en ella la chalota picada y el ajo machacado. Se rocía con el vino y se deja reducir.

2 En este momento, se cierra la olla y se cuece todo, a presión mínima, durante cinco minutos, contados, como siempre, desde el momento en que empiece a sonar el silbido.

3 Transcurrido el tiempo de la cocción, se espera a que todo el vapor de agua haya salido de la olla, y se abre. Se tamiza la salsa y se añade la yema disuelta en la nata.

4 Mientras, se lava y se escurre bien la albahaca. Se pican las hojitas, reservando algunas para adornar.

5 Se añade la albahaca a la salsa y se reduce a puré. Se incorpora el resto de la mantequilla y se bate bien. Se tamiza de nuevo la salsa.

6 Por último, y unos minutos antes de servir, se adorna la salsa con las hojitas de albahaca que se han reservado y los daditos de tomates.

Salsa de alcachofas

👤	4 personas
🕐	25 minutos
👨‍🍳	Fácil
$	Económico
⚖️	120 calorías
🍾	—

1 l de zumo de tomate
5 alcachofas
1 chorrito de salsa de soja

1 Se pone el zumo de tomate al fuego con la olla destapada. Cuando comience a hervir, se incorporan las alcachofas limpias y muy finamente picadas.

2 Se cierra la olla y se cuece durante aproximadamente 15 minutos, contados desde el momento en que comienza a hervir. Transcurrido este tiempo, se enfría rápidamente y se abre.

3 Se añade la salsa de soja y se vuelve a poner todo al fuego 5 minutos más, esta vez sin tapar la olla. Se sirve como acompañamiento de carnes.

Salsa de azafrán

👤	4 personas
🕐	20 minutos
👨‍🍳	Fácil
$	Económico
⚖️	90 calorías
🍾	—

100 g de mantequilla
1/2 chalota picada
1/2 cucharada de harina
100 ml de vino blanco seco
1/2 sobre de azafrán
Sal
Pimienta recién molida

1 Se derriten 20 g de mantequilla en la olla a presión y se sofríe en ella la chalota picada. Se espolvorea con harina, se rocía con el vino y se cierra la olla.

2 A continuación, se cuece todo, a presión mínima, durante diez minutos, contados desde el momento en que comience a silbar.

3 Trascurrido este tiempo, se enfría lentamente y se abre la olla. Se añade el azafrán y se deja que dé un hervor, ahora manteniéndola destapada.

4 Después, se tamiza la salsa. Se lleva de nuevo a ebullición y se salpimenta al gusto.

5 Por último, se incorpora la mantequilla en trocitos, sin dejar de batir. Se sirve enseguida.

Salsa blanca básica (besamel o velouté)

👤	4 personas
🕐	30 minutos
👨‍🍳	Fácil
$	Económico
⚖️	120 calorías
🍾	—

50 g de mantequilla
50 g de harina
1/2 l de leche
Sal
Pimienta recién molida

1 En primer lugar, se derrite la mantequilla en la olla, se añade la misma cantidad de harina y se amasa.

2 Se agrega la leche fría (o fondo rubio y leche a partes iguales). Sin dejar de remover, se cuece suavemente durante unos 20 minutos, con la olla destapada.

3 Finalizado el tiempo de la cocción, se enfría rápidamente con la ayuda del desvaporizador y se abre la olla. Se sazona y se pasa por un colador.

4 Por último, se vierte un poco de mantequilla líquida en la superficie para que no se forme una película.

Salsa boloñesa

👤	4 personas
🕐	45 minutos
👨‍🍳	Fácil
$	Económico
⚖	140 calorías
🍾	—

400 g de carne picada de ternera y cerdo, a partes iguales
400 g de tomates
400 g de cebollas
1 zanahoria
50 g de apio
50 g de mantequilla
200 ml de vino blanco seco
1/2 l de caldo de carne
1 hoja de laurel
Nuez moscada recién rallada
1/2 cucharada de hierbas provenzales
Sal
Pimienta recién molida

1 Se pelan los tomates, se les quita las semillas y se pican. Se pela y se pica también la cebolla. Se ralla la zanahoria y se trocea el apio.

2 A continuación, se calienta la mantequilla en la olla a presión y se sofríe la cebolla. Se incorporan la zanahoria y el apio y se sofríen también.

3 Cuando empiecen a dorarse todos estos ingredientes, se añade la carne picada y se sofríe durante unos cinco minutos, aproximadamente.

4 Después, se agrega el vino y se deja cocer unos diez minutos hasta que se reduzca. Se incorporan los tomates, se mojan con el caldo y se sazona con la sal, la pimienta molida y la nuez moscada.

5 En este momento, se añaden las hierbas y se cierra la olla. Se deja cocer, a presión mínima, durante media hora, contada desde el momento en que empiece a sonar el silbido.

6 Acabada la cocción, se espera a que todo el vapor haya salido de la olla, y se abre. Se vierte el contenido en una salsera y se sirve.

Salsa bordelesa

👤	4 personas
🕐	15 minutos
👨‍🍳	Fácil
$	Económico
⚖	140 calorías
🍾	—

1 hueso grande de tuétano (de unos 50 g)
200 ml de vino tinto de Rioja
1 chalota picada
1 diente de ajo machacado
1 hojita de laurel
1 ramita de tomillo
4 cucharadas de caldo concentrado de buey
50 g de mantequilla muy fría
1 cucharadita de perejil picado
Sal
Pimienta recién molida

1 Para empezar, se remoja el hueso en agua con sal y se le saca el tuétano. Se dispone el vino en la olla a presión junto con la chalota picada y el ajo, y se añade el laurel y el tomillo.

2 Después, se pone al fuego y se rehoga. Cuando el vino esté casi reducido, se añade el caldo de buey y se cierra la olla.

3 A continuación, se deja cocer todo, a presión mínima, durante cinco minutos, que se contarán desde el momento en que empiece a sonar el silbido.

4 Una vez finalizada la cocción, se espera a que todo el vapor de agua haya salido de la olla, y se abre. Se pasa la salsa por un tamiz fino, se añade la mantequilla en trocitos y se bate bien.

5 Por último, se corta el tuétano en daditos pequeños y se calienta en la salsa. Se salpimenta al gusto y se espolvorea con perejil picado antes de servir.

1 Se limpian los champiñones y se trocean. Se pela la cebolla y se pica muy fina.

2 A continuación, se calienta el aceite en la olla y se doran en él las setas y la cebolla. Se añade la harina y se rehoga todo sin dejar que tome color.

3 Se vierte el vino y se continúa removiendo. Se agrega el puré de tomate y el caldo, y se sazona todo con las especias y las hierbas aromáticas.

4 En este momento, se cierra la olla y se deja cocer, a intensidad máxima, durante dos minutos. Durante la cocción, se va rebajando la presión lentamente.

5 Se abre la olla, se vierte su contenido en un bol y se pasa por el pasapurés.

Salsa cazadora

👤	4 personas
🕐	15 minutos
👨‍🍳	Fácil
$	Económico
⚖	90 calorías
🍾	—

200 g de champiñones
1 vaso de vino blanco seco
100 g de puré de tomate
Romero
Laurel
Tomillo
1 cubito de caldo concentrado
1 cucharada de harina
2 cebollas picadas
Mantequilla
Sal
Pimienta

Salsa cremosa de tomate

👤	4 personas
🕐	25 minutos
👨‍🍳	Fácil
$	Económico
⚖	100 calorías
🍾	—

500 g de tomates
1 chalota picada
100 g de zanahorias ralladas
2 cucharadas de mantequilla
Una pizca de tomillo
1 hoja de laurel
1/2 diente de ajo prensado
100 ml de vino tinto seco
2 cucharadas de nata para batir
1 cucharadita de albahaca picada muy fina

1 Primeramente, se pela y se pica la chalota bien fina. Se rallan las zanahorias.

2 Se calienta la mantequilla en la olla a presión y se sofríe la chalota picada y las zanahorias ralladas. Luego se agregan las hierbas y el ajo y se añade el vino.

3 A continuación, se lavan los tomates, se les quita las semillas y se pican. Se incorporan a la olla y se rehoga todo durante unos 15 minutos, aproximadamente.

4 Se añaden las verduras y se rehoga unos instantes más. Se reduce todo a puré y se pasa este por el chino.

5 En este momento, se vuelve a poner el puré en la olla y se cierra. Se cuece durante cinco minutos, a presión mínima.

6 Finalmente, se abre la olla, se añade la nata y la albahaca picada bien fina y se sirve la salsa caliente.

Salsa curry

👤	**4 personas**
🕐	**15 minutos**
	Fácil
$	**Económico**
⚖	**180 calorías**
🍾	—

20 g de mantequilla
1 cucharada de curry
10 g de harina
1/4 l de leche de coco (natural o de lata, sin endulzar)
1 cucharada de puré de manzana
2 cucharadas de crema fresca
Sal
Pimienta recién molida

1 Se derrite la mantequilla en la olla a presión y se espolvorea con la mitad del curry. Se añade la harina y se remueve bien.

2 Se agrega la leche de coco y se sigue removiendo. Se cierra la olla y se deja cocer, a presión mínima, durante diez minutos, que se contarán a partir del momento en que empiece a sonar el silbido.

3 Transcurrido el tiempo de la cocción, se enfría lentamente y se abre la olla. Se salpimenta ligeramente y se pasa la salsa por el tamiz.

4 Por último, se calienta de nuevo, ahora con la olla destapada, y se agrega el resto del curry y el puré de manzana. Se incorpora la crema fresca en el momento de servir.

Salsa española

👤	4 personas
🕐	15 minutos
👨‍🍳	Fácil
$	Económico
⚖	120 calorías
🍾	—

100 g de mantequilla
200 g de zanahorias
2 dientes de ajo
1 cucharada de harina
1 vasito de vino blanco
200 g de cebolla picada
Perejil
1 cubito de caldo concentrado
Aceite
Sal
Pimienta

1 Se calienta el aceite y la mantequilla en la olla a presión. Cuando se comience a dorar, se incorporan la cebolla, los ajos y las zanahorias, bien picadas.

2 En el momento en que la cebolla empiece a adquirir un poco de color, se añade la harina. Se mezcla bien y se agrega el perejil y el vino blanco; se salpimenta. Si se considera necesario, se añade más vino para que la salsa quede un poco más ligera.

3 A continuación, se agrega el cubito de caldo concentrado y se cierra la olla. Se deja cocer, a intensidad máxima, durante siete minutos, que se contarán como siempre desde el momento en que empiece a sonar el silbido. Durante la cocción, se va rebajando la presión lentamente.

4 Transcurrido este tiempo, se espera a que todo el vapor haya salido de la olla y se abre. Se vierte el contenido en un bol y se pasa por el pasapurés. Esta salsa es muy apreciada como acompañamiento de platos de caza.

Salsa de estragón

👤	4 personas
🕐	15 minutos
👨‍🍳	Fácil
$	Económico
⚖	180 calorías
🍾	—

200 ml de vino blanco seco
1 chalota picada
1/2 cucharadita de estragón
50 g de mantequilla muy fría
Sal y pimienta recién molida

1 Se pela y se pica la chalota bien fina. Se dispone en la olla a presión junto con el vino; se sazona con estragón, pimienta y sal, y se cierra.

2 A continuación, se deja cocer todo, a presión mínima, durante cinco minutos.

3 Transcurrido el tiempo de la cocción, se enfría lentamente con ayuda del desvaporizador y se abre la olla. Se tamiza el contenido y se le da un hervor, ahora con la olla destapada.

4 Por último, se añade la mantequilla en trocitos, y se bate bien. Se salpimenta al gusto y se sirve caliente.

Salsa de limón

👤	4 personas
🕐	15 minutos
👨‍🍳	Fácil
$	Económico
⚖️	80 calorías
🍾	—

3 cucharadas de mantequilla muy fría
1 chalota picada
100 ml de vino blanco seco
2 cucharadas de zumo de limón
2 cucharadas de crema fresca
Sal
Pimienta recién molida

1 En primer lugar, se calienta una cucharada de mantequilla y se sofríe en ella la chalota picada. Se agrega el vino y el zumo de limón y se salpimenta.

2 A continuación, se deja reducir y se cierra la olla. Se cuece todo, a presión mínima, durante cinco minutos, que se contarán desde el momento en que empiece a sonar el silbido.

3 Una vez finalizada la cocción, se espera a que todo el vapor haya salido de la olla, y se abre. Se tamiza el líquido, se hierve de nuevo (ahora con la olla destapada) y se mezcla con la crema fresca.

4 Por último, y minutos antes de servir, se añade la mantequilla en trocitos y se bate suavemente.

Salsa de menta

👤	4 personas
🕐	15 minutos
👨‍🍳	Fácil
$	Económico
⚖️	80 calorías
🍾	—

2 o 3 cucharadas de mantequilla
1 chalota picada
200 ml de caldo de carne concentrado
1 manojo de menta
1/2 cucharadita de azúcar
Sal
Pimienta recién molida

1 Para empezar, se calienta una cucharadita de mantequilla en la olla a presión y se sofríe en ella la chalota.

2 A continuación, se agrega un poco de caldo de carne. Mientras, se lava la menta y se pican las hojitas, reservando algunas enteras para la decoración final.

3 Se añade la menta y se vierte el resto de caldo de carne. Se cierra la olla y se deja cocer todo, a presión mínima, durante diez minutos, que se contarán desde el momento en que empiece a sonar el silbido.

4 Acabada la cocción, se espera a que todo el vapor haya salido de la olla, y se abre. Se salpimenta al gusto, se pasa la salsa por un tamiz fino y se deja que dé un hervor, esta vez con la olla destapada.

5 Mientras, en un cazo aparte, se carameliza ligeramente el azúcar y se vierte por encima la salsa con la menta.

6 Por último, se añade la mantequilla en trocitos y se bate con la ayuda de la batidora de varillas. Se sirve adornada con las hojas de menta picadas.

Salsa de mostaza a la crema

👤	4 personas
🕐	20 minutos
👩‍🍳	Fácil
$	Económico
⚖️	120 calorías
🍾	—

100 ml de vino blanco seco
1 chalota picada
2 cucharadas de caldo de buey concentrado
200 g de nata
1 cucharada de mantequilla muy fría
2 cucharadas de perejil picado
1 cucharadita de mostaza
Sal y pimienta recién molida

1 Primeramente, se dispone el vino en la olla a presión y se incorpora la chalota, pelada y picada finamente. Se hierve y se deja reducir el vino casi en su totalidad.

2 Se agrega el caldo concentrado y la mostaza, y se cierra la olla. Se deja cocer, a presión mínima, durante cinco minutos, contando desde el momento en que empieza a sonar el silbido.

3 Una vez transcurrido este tiempo, se enfría lentamente la olla y se abre. Se añade la nata y se reduce a la mitad.

4 Se salpimenta, se liga la salsa con la mantequilla y se añade el perejil.

Salsa de pimienta

👤	4 personas
🕐	25 minutos
👩‍🍳	Fácil
$	Económico
⚖️	160 calorías
🍾	—

100 g de zanahorias
100 g de tallo de apio
2 chalotas picadas
300 ml de caldo de carne concentrado
1 cucharada de aceite de oliva
2 cucharadas de vinagre de vino tinto
1 hoja de laurel
1 rama de tomillo
1 diente de ajo
10 g de pimienta machacados
50 g de mantequilla muy fría

1 En primer lugar, se cortan las zanahorias y el apio en dados finos. Se calienta aceite en la olla a presión y se sofríen las zanahorias, el apio y las chalotas, también picadas. Se remoja con el vinagre.

2 A continuación, se agrega el caldo de carne, el laurel, el tomillo y el ajo, y se cierra la olla. Se cuece durante quince minutos, a presión mínima, dejando que el líquido se reduzca.

3 Una vez finalizada la cocción, se abre la olla. Se añade la pimienta machacada, se pasa la salsa por el tamiz fino y se liga con la mantequilla cortada en trocitos.

Salsa de tomate

👤	4 personas
🕐	15 minutos
👨‍🍳	Fácil
$	Económico
⚖️	100 calorías
🍾	—

1 lata de kilo de tomate natural, entero
5 cl de aceite
1 cucharada de azúcar
1 hojita de laurel
Sal
Pimienta

1 En primer lugar, se calienta el aceite en la olla. Se escurren los tomates y se trituran con la batidora eléctrica.

2 Se rehoga el tomate triturado en la olla y se añade la hoja de laurel, el azúcar, la sal y la pimienta.

3 A continuación, se tapa la olla y se deja cocer, a intensidad máxima, durante diez minutos.

4 Durante la cocción, se va rebajando la presión lentamente.

5 Por último, y una vez transcurrido el tiempo de cocción, se espera a que todo el vapor de agua haya salido de la olla y se abre. La salsa de tomate ya está lista para acompañar platos de cualquier tipo: pasta, huevos, carnes, etc.

Salsa de tomates y zanahorias

👤	4 personas
🕐	15 minutos
👨‍🍳	Fácil
$	Económico
⚖️	110 calorías
🍾	—

1 kg de tomates
1 cebolla
1 tallo de apio
2 zanahorias
1 ajo
Salvia, romero, tomillo, mejorana
Sal
Aceite de oliva
Vinagre

1 Primeramente se lavan y se trocean los tomates, y se cuecen en la olla a presión por espacio de diez minutos.

2 Mientras, se trocea también la cebolla, el tallo de apio y las zanahorias. Se rehogan a fuego muy bajo junto con el ajo, una pizca de salvia, un poco de romero, otro poco de tomillo y mejorana.

3 En el momento en que esté todo más o menos deshecho, se pasa por el pasapurés. Se añade un poco de aceite y una cucharadita de vinagre, y se vuelve a poner en el fuego hasta que veamos que se espesa.

4 Por último, se mezcla todo bien con los tomates, dejando así lista la salsa para ser servida caliente o fría, en función de los gustos de los comensales y del plato que deba acompañar.

Salsas

Salsa de vino blanco con pasas de Corinto

👤	4 personas
🕐	15 minutos
👨‍🍳	Fácil
$	Económico
⚖️	170 calorías
🍾	—

200 ml de vino blanco seco
100 g de pasas de Corinto, remojadas
1 cucharada de caldo de ave
50 g de mantequilla muy fría
Sal
Pimienta

1 Se pone el vino blanco en la olla a presión, se añaden las pasas remojadas y se reduce un poco. (Si las pasas no estuvieran remojadas, será necesario agregar un poco de agua.)

2 Seguidamente, se añade el caldo y se cierra la olla. Se deja cocer todo, a presión mínima, durante cinco minutos.

3 Acabada la cocción, se abre la olla. Se sacan unas cuantas pasas del caldo y se reservan.

4 Finalmente, se salpimenta al gusto y se reduce a puré en la batidora. Se tamiza, se añade la mantequilla en trocitos y se bate bien. Se incorporan las pasas.

Sugo

👤	4 personas
🕐	15 minutos
👨‍🍳	Fácil
$	Económico
⚖️	120 calorías
🍾	—

800 g de tomates maduros
1 manojo de albahaca fresca
3 dientes de ajo
6 cucharadas de aceite de oliva
Sal
Pimienta recién molida

1 Se escaldan los tomates, se pelan, se les quita las semillas y se corta la pulpa en tiras. Se lava el manojo de albahaca, se seca y se pica en trozos no muy pequeños. Se reserva aparte.

2 A continuación, se pelan los ajos, se cortan por la mitad y se les quita la parte verde; luego, se calienta aceite en la olla y se sofríen. Se reservan.

3 Se disponen los tomates en la olla, se salan ligeramente y se cuecen, con la olla tapada, durante cinco minutos aproximadamente, hasta que se reduzca el líquido.

4 Acabada la cocción, se espera a que todo el vapor de agua haya salido de la olla, y se abre. Se añade la albahaca picada y se sazona con pimienta.

Menús

A lo largo de este libro se expone una gran variedad de recetas para realizar con la olla a presión que, combinadas entre sí, pueden proporcionar multitud de menús aptos para cualquier circunstancia.

Por este motivo, y para facilitar la tarea del anfitrión, a continuación se ofrecen numerosos menús que han sido elaborados con algunas recetas que aparecen en el libro; son una muestra que sólo pretende ser una sugerencia. A partir de estos, cada lector podrá elaborar sus propios menús, escogiendo la combinación apropiada para conseguir el número de calorías idóneo.

Para facilitar la composición de los menús, se indicará el número de calorías de cada plato; así, se podrá sumar el número de calorías de cada comida.

A su vez, para elaborar las combinaciones, se ha tenido en cuenta el número de calorías en cada menú y la adecuación de los alimentos que las componen.

Este capítulo ofrece ocho semanas preparadas con sus menús, y cada menú ofrece comida y cena.

PRIMERA SEMANA

LUNES

COMIDA

Sopa de arroz y lentejas	350 cal
Ternera marinada, asada con puré de patatas	420 cal
Fruta del tiempo	40 cal

CENA

Acelgas con leche	160 cal
Pollo al curry	350 cal
Yogur	80 cal

MARTES

COMIDA

Caldo de pollo o gallina	230 cal
Pavo a la naranja	340 cal
Peras al vino tinto	130 cal

CENA

Patatas al vapor	240 cal
Bacalao con salsa de leche	280 cal
Compota navideña	280 cal

MIÉRCOLES

COMIDA

Pasta con verduras	325 cal
Bonito a la española	260 cal
Flan	120 cal

CENA

Cebollas rellenas de carne	240 cal
Muslos de pollo con setas	390 cal
Fruta del tiempo	40 cal

JUEVES

COMIDA

Pasta y judías	387 cal
Rape a la sidra	340 cal
Mousse de manzana	200 cal

CENA

Crema de zanahorias	147 cal
Pechuga de pavo con pomelo	320 cal
Yogur	80 cal

VIERNES

COMIDA

Verduritas estofadas	200 cal
Pulpo salteado	320 cal
Dulce de cabello de ángel	190 cal

CENA

Sopa del huerto	140 cal
Ternera con pimientos	350 cal
Flan	120 cal

SÁBADO

COMIDA

Pastel de arroz con jamón y setas	300 cal
Ternera guisada con salsa de nueces	350 cal
Fruta del tiempo	40 cal

CENA

Bocaditos de ternera	320 cal
Filetes de gallo al coñac	310 cal
Tocino de cielo	190 cal

DOMINGO

COMIDA

Macarrones con jamón y tomate	425 cal
Merluza a la marinera con patatas y gambas	340 cal
Copas de compota de manzana, pasas, nueces y nata	180 cal

CENA

Crema de verduras	127 cal
Pudín de pescado	230 cal
Fruta del tiempo	40 cal

Cocina rica y sabrosa con la olla a presión

SEGUNDA SEMANA

LUNES

COMIDA

Sopa de puerro, patatas y cebada	120 cal
Mero a la jardinera	340 cal
Manzanas rellenas de orejones y avellanas	190 cal

CENA

Crema alegre	140 cal
Pollo a la cazuela	370 cal
Yogur	80 cal

MARTES

COMIDA

Habas a la menta	230 cal
Ragú de carnes variadas	370 cal
Arroz con leche	120 cal

CENA

Crema de espárragos	130 cal
Bacalao en salsa verde	290 cal
Tocinillo de almendras	190 cal

MIÉRCOLES

COMIDA

Alcachofas rellenas de *foie-gras* y gratinadas	240 cal
Ternera guisada con setas y salsa de anchoas	420 cal
Pudín	200 cal

CENA

Crema de puerros y nueces	145 cal
Pastel de bonito	320 cal
Fruta del tiempo	40 cal

JUEVES

COMIDA

Judías blancas en ensalada	270 cal
Pavo al beicon	390 cal
Flan de manzanas	130 cal

CENA

Espinacas con carne	260 cal
Fricasé de pollo con verduras	260 cal
Yogur	80 cal

VIERNES

COMIDA

Arroz y pollo con guisantes	300 cal
Ternera guisada con salsa de nueces	350 cal
Pudín de pan	180 cal

CENA

Crema campesina	130 cal
Brandada de merluza	350 cal
Dulce de castañas	200 cal

SÁBADO

COMIDA

Pochas de otoño	260 cal
Atún con tomate a la zaragozana	300 cal
Flan de coco y nueces	130 cal

CENA

Menestra de verduras	190 cal
Pato con nabos y ciruelas	320 cal
Confitura de naranja	140 cal

DOMINGO

COMIDA

Canelones de atún	265 cal
Merluza en vinagreta	340 cal
Tocino de cielo	190 cal

CENA

Crema de alcachofas	120 cal
Solomillo de cerdo con cebolla	370 cal
Fruta del tiempo	40 cal

TERCERA SEMANA

LUNES

COMIDA

Arroz al Cointreau con espárragos	280 cal
Cangrejos de río en salsa tártara	340 cal
Yogur	80 cal

CENA

Guisantes con champiñones	230 cal
Rosbif al ajo	340 cal
Flan	120 cal

MARTES

COMIDA

Cebollitas glaseadas a la cerveza	190 cal
Estofado mixto al limón	360 cal
Confitura de fresas	140 cal

CENA

Repollo estofado	210 cal
Bacalao al ali-oli	280 cal
Buñuelos de manzana	190 cal

MIÉRCOLES

COMIDA

Verduras al cilantro	190 cal
Zarzuela de pescado	340 cal
Yogur	80 cal

CENA

Crema de patatas	134 cal
Pastel de pollo (galantina)	370 cal
Fruta del tiempo	40 cal

JUEVES

COMIDA

Crema de pan	127 cal
Asado de sepia con guisantes	340 cal
Bizcocho de chocolate	200 cal

CENA

Crema de calabacines	127 cal
Panecillos rellenos	320 cal
Yogur	80 cal

VIERNES

COMIDA

Lentejas estofadas a la burgalesa	230 cal
Bocaditos de carne con setas	350 cal
Confitura de albaricoque	140 cal

CENA

Alcachofas al perejil	158 cal
Sepia con albondiguillas de carne	320 cal
Fruta del tiempo	40 cal

SÁBADO

COMIDA

Canelones de espárragos	294 cal
Callos aromáticos	350 cal
Tocinillo de almendras	190 cal

CENA

Sopa de cebada	350 cal
Marmitako	340 cal
Flan	120 cal

DOMINGO

COMIDA

Cintas con gambas y verduras	273 cal
Jarretes de cordero asado con guisantes	340 cal
Bizcocho de chocolate	200 cal

CENA

Coliflor en salsa	240 cal
Bocaditos de ternera	320 cal
Pudín	200 cal

CUARTA SEMANA

LUNES

COMIDA

Arroz con lenguado al cava	310 cal
Bacalao con patatas	290 cal
Dulce de membrillo	150 cal

CENA

Sopa rústica con carne	125 cal
Cordero a la chilindrón	370 cal
Yogur	80 cal

MARTES

COMIDA

Alubias con almejas	280 cal
Carne de cerdo asada con manzanas y ciruelas	350 cal
Confitura de fresas	140 cal

CENA

Tortitas de patata	320 cal
Cerdo al vino	340 cal
Flan	120 cal

MIÉRCOLES

COMIDA

Macarrones con jamón y tomate	425 cal
Asado de sepia	290 cal
Fruta de tiempo	40 cal

CENA

Sopa de cebollas	110 cal
Samfaina con huevos revueltos y setas	240 cal
Tocino de cielo	190 cal

JUEVES

COMIDA

Espirales con espinacas	284 cal
Bacalao fresco con patatas	290 cal
Peras al vino tinto	130 cal

CENA

Sopa de verduras y tocino	120 cal
Conejo con cebollas y pan tostado	420 cal
Flan de manzanas	130 cal

VIERNES

COMIDA

Judías verdes guisadas	230 cal
Mújol con salsa holandesa	320 cal
Fruta del tiempo	40 cal

CENA

Crema de brécol	120 cal
Mero a la jardinera	340 cal
Confitura de fresas	140 cal

SÁBADO

COMIDA

Zarzuela de pescado	340 cal
Civet de liebre	400 cal
Fruta del tiempo	40 cal

CENA

Puré sabroso	230 cal
Lomo asado cuatro sabores	420 cal
Flan de manzanas	130 cal

DOMINGO

COMIDA

Espaguetis sabrosos	235 cal
Salmonetes guisados con alcachofas	280 cal
Dulce de castañas	200 cal

CENA

Sopa de chipirones y lenguado	120 cal
Pechuga de pavo con pomelo	320 cal
Compota navideña	280 cal

QUINTA SEMANA

LUNES

COMIDA

Ensalada de arroz	210 cal
Pescadilla rellena	310 cal
Confitura de albaricoque	140 cal

CENA

Sopa de farro a la antigua	140 cal
Pollo al curry	350 cal
Yogur	80 cal

MARTES

COMIDA

Alubias hervidas	235 cal
Pescadilla en salsa de almendras	280 cal
Flan de coco y nueces	130 cal

CENA

Guiso de cebada y acedera	230 cal
Ragout de bacalao	360 cal
Copas de compota de manzana, pasas, nueces y nata	180 cal

MIÉRCOLES

COMIDA

Crema de bacalao con langostinos	190 cal
Albóndigas de patatas y espinacas	315 cal
Yogur	80 cal

CENA

Sopa de pollo y mijo	204 cal
Merluza a la gallega	300 cal
Bizcocho de chocolate	200 cal

JUEVES

COMIDA

Guiso de chipirones y calamares	250 cal
Ternera con pimientos	350 cal
Fruta del tiempo	40 cal

CENA

Patatas con costillas	340 cal
Pisto con aceitunas	240 cal
Arroz con leche	120 cal

VIERNES

COMIDA

Arroz con tuétano	310 cal
Calamares rellenos de carne	350 cal
Dulce de castañas	200 cal

CENA

Ensalada de judías	230 cal
Patatas y almejas en salsa verde	320 cal
Fruta del tiempo	40 cal

SÁBADO

COMIDA

Tomates rellenos de patata	340 cal
Manos de cerdo con piñones y guisantes	420 cal
Pudín	200 cal

CENA

Espaguetis con sepia	324 cal
Rollitos de pollo con piña y jamón	370 cal
Dulce de membrillo	150 cal

DOMINGO

COMIDA

Arroz de carnes	270 cal
Canelones Rossini	385 cal
Fruta del tiempo	40 cal

CENA

Sopa de repollo al gratén	120 cal
Merluza guisada	350 cal
Yogur	80 cal

SEXTA SEMANA

LUNES

COMIDA

Cestitos de patatas y champiñones	310 cal
Conejo de corral guisado con berenjenas	370 cal
Flan	120 cal

CENA

Crema de alubias y alcachofas	130 cal
Muslos de pollo con setas	390 cal
Compota navideña	280 cal

MARTES

COMIDA

Arroz rústico al vino tinto	310 cal
Pato con nabos y ciruelas	320 cal
Peras al vino tinto	130 cal

CENA

Crema de verduras	127 cal
Lomo asado cuatro sabores	420 cal
Yogur	80 cal

MIÉRCOLES

COMIDA

Cazuela de alubias	280 cal
Pastel de bonito	320 cal
Confitura de naranja	140 cal

CENA

Espárragos con huevos duros y besamel gratinados	210 cal
Bocaditos de carne con setas	350 cal
Copas de compota de manzana, pasas, nueces y nata	180 cal

JUEVES

COMIDA

Cúpulas de coliflor y brécol	230 cal
Calamares rellenos de carne	350 cal
Fruta del tiempo	40 cal

CENA

Crema de pan	127 cal
Pavo a la naranja	340 cal
Flan	120 cal

VIERNES

COMIDA

Arroz sabroso	270 cal
Pescadilla en salsa de almendras	280 cal
Buñuelos de manzana	190 cal

CENA

Guisantes a la hierbabuena	250 cal
Pudín de pescado	230 cal
Pudín	200 cal

SÁBADO

COMIDA

Garbanzos con espinacas	290 cal
Fardelillos de carne con setas	420 cal
Tocino de cielo	190 cal

CENA

Patatas estofadas	320 cal
Merluza en vinagreta	340 cal
Fruta del tiempo	40 cal

DOMINGO

COMIDA

Canelones Rossini	385 cal
Bacalao al ali-oli	280 cal
Tocinillo de almendras	190 cal

CENA

Verduritas estofadas	200 cal
Perdices guisadas	340 cal
Yogur	80 cal

SÉPTIMA SEMANA

LUNES

COMIDA

Sopa de verduras con sémola	120 cal
Estofado mixto al limón	360 cal
Manzanas rellenas de orejones y avellanas	190 cal

CENA

Crema de bacalao con langostinos	190 cal
Fricasé de pollo con verduras	260 cal
Fruta del tiempo	40 cal

MARTES

COMIDA

Potaje de farro	230 cal
Croquetas de patata	310 cal
Flan de coco y nueces	130 cal

CENA

Crema alegre	140 cal
Estofado de pollo a la soja	360 cal
Yogur	80 cal

MIÉRCOLES

COMIDA

Arroz con manzana	300 cal
Ragout de bacalao	360 cal
Confitura de albaricoque	140 cal

CENA

Sopa del huerto	140 cal
Manos de cerdo con piñones y guisantes	420 cal
Fruta del tiempo	40 cal

JUEVES

COMIDA

Sopa de pescado en papillote	120 cal
Chipirones en su tinta	280 cal
Bizcocho de chocolate	200 cal

CENA

Crema de espárragos	130 cal
Besugo en salsa	320 cal
Flan	120 cal

VIERNES

COMIDA

Potaje	320 cal
Jarretes de cordero asado con guisantes	340 cal
Dulce de castañas	200 cal

CENA

Ensalada de arroz	210 cal
Pato con nabos y ciruelas	320 cal
Pudín	200 cal

SÁBADO

COMIDA

Espirales con espinacas	284 cal
Perdices guisadas	340 cal
Buñuelos de manzana	190 cal

CENA

Patatas al gratén	320 cal
Merluza a la marinera con patatas y gambas	340 cal
Flan de coco y nueces	130 cal

DOMINGO

COMIDA

Espaguetis con sepia	324 cal
Pudín de truchas y mejillones	290 cal
Peras al vino tinto	130 cal

CENA

Sopa de patatas y apio	140 cal
Cerdo al vino	340 cal
Yogur	80 cal

OCTAVA SEMANA

LUNES

COMIDA
Arroz combinado	325 cal
Pescadilla en salsa de almendras	280 cal
Tocino de cielo	190 cal

CENA
Hinojos picantes	190 cal
Callos aromáticos	350 cal
Confitura de naranja	140 cal

MARTES

COMIDA
Rizos de patata	290 cal
Marmitako	340 cal
Arroz con leche	120 cal

CENA
Ensalada templada	200 cal
Brandada de merluza	350 cal
Compota navideña	280 cal

MIÉRCOLES

COMIDA
Repollo estofado	210 cal
Mújol con salsa holandesa	320 cal
Fruta del tiempo	40 cal

CENA
Crema de brécol	120 cal
Torta de patatas	330 cal
Yogur	80 cal

JUEVES

COMIDA
Arroz con marisco y frambuesas	280 cal
Discos de patata	300 cal
Flan de coco y nueces	130 cal

CENA
Sopa del huerto	140 cal
Pollo a la riojana	350 cal
Bizcocho de chocolate	200 cal

VIERNES

COMIDA
Macarrones con jamón y tomate	425 cal
Ternera guisada con salsa de nueces	350 cal
Fruta del tiempo	40 cal

CENA
Crema de zanahorias	147 cal
Panecillos rellenos	320 cal
Dulce de cabello de ángel	190 cal

SÁBADO

COMIDA
Arroz con verduras	350 cal
Rosbif al ajo	340 cal
Yogur	80 cal

CENA
Sopa de cebollas	110 cal
Bacalao fresco con patatas	290 cal
Flan	120 cal

DOMINGO

COMIDA
Coliflor entera con jamón al gratén	260 cal
Carne de ternera estofada	400 cal
Flan de manzanas	130 cal

CENA
Alcachofas en fricandó	175 cal
Besugo en salsa	320 cal
Fruta del tiempo	40 cal

Índice de recetas

ENTRANTES

Cremas y sopas, 16
Caldo de pollo o gallina, 17
Crema de alcachofas, 17
Crema alegre, 18
Crema de alubias y alcachofas, 18
Crema de bacalao con langostinos, 19
Crema de brécol, 20
Crema de calabacines, 21
Crema campesina, 21
Crema de espárragos, 22
Crema de pan, 23
Crema de patatas, 23
Crema de puerros y nueces, 24
Crema de verduras, 25
Crema de zanahorias, 25
Guiso de cebada y acedera, 26
Guiso de chipirones y calamares, 27
Potaje, 27
Potaje de farro, 28
Puré sabroso, 29
Sopa de arroz y lentejas, 30
Sopa de cebada, 31
Sopa de cebollas, 32
Sopa de chipirones y lenguado, 32
Sopa de farro a la antigua, 32
Sopa del huerto, 33
Sopa de patatas y apio, 34
Sopa de pescado en papillote, 34
Sopa de pollo y mijo, 35
Sopa de puerro, patatas y cebada, 36
Sopa de repollo al gratén, 36
Sopa rústica con carne, 37
Sopa de verduras con sémola, 37
Sopa de verduras y tocino, 38

PRIMEROS PLATOS

Pasta, arroz y patatas, 40
Albóndigas de patatas y espinacas, 41
Arroz de carnes, 41
Arroz al Cointreau con espárragos, 42
Arroz combinado, 43
Arroz con lenguado al cava, 44
Arroz con manzana, 44
Arroz con marisco y frambuesas, 45
Arroz y pollo con guisantes, 46
Arroz rústico al vino tinto, 46
Arroz sabroso, 47
Arroz con tuétano, 48
Arroz con verduras, 49
Canelones de atún, 50
Canelones de espárragos, 50
Canelones Rossini, 51
Cestitos de patatas y champiñones, 52
Cintas con gambas y verduras, 53
Croquetas de patata, 54
Discos de patata, 54

Ensalada de arroz, 55
Espaguetis sabrosos, 55
Espaguetis con sepia, 56
Espirales con espinacas, 57
Macarrones con jamón y tomate, 58
Nidos de patata, 59
Pasta y judías, 60
Pasta con verduras, 60
Pastel de arroz con jamón y setas, 61
Patatas y almejas en salsa verde, 62
Patatas con costillas, 62
Patatas estofadas, 63
Patatas al gratén, 63
Patatas al vapor, 64
Puré de patatas, 64
Rizos de patata, 65
Tallarines o cintas con atún y tomate, 65
Tomates rellenos de patata, 66
Torta de patatas, 67
Tortitas de patata, 67

Verduras y legumbres, 68
Acelgas con leche, 69
Alcachofas en fricandó, 69
Alcachofas al perejil, 70
Alcachofas rellenas de foie-gras y gratinadas, 71
Alubias con almejas, 71
Alubias hervidas, 72
Cazuela de alubias, 73
Cebada con verduras, 73
Cebollas rellenas de carne, 74
Cebollitas glaseadas a la cerveza, 75
Coliflor entera con jamón al gratén, 76
Coliflor en salsa, 76
Cúpulas de coliflor y brécol, 77
Ensalada de judías, 77
Ensalada templada, 78
Espárragos con huevos duros y besamel gratinados, 79
Espinacas con carne, 80
Garbanzos con espinacas, 81
Garbanzos a la riojana, 81
Guisantes con champiñones, 82

Guisantes a la hierbabuena, 83
Habas a la menta, 83
Hinojos picantes, 84
Judías blancas con carnero, 84
Judías blancas en ensalada, 85
Judías verdes guisadas, 85
Lentejas estofadas a la burgalesa, 86
Lentejas con tocino, 86
Menestra de verduras, 87
Pastel de coliflor, 87
Pisto con aceitunas, 88
Pochas de otoño, 88
Repollo estofado, 89
Samfaina con huevos revueltos y setas, 89
Verduras al cilantro, 90
Verduritas estofadas, 90

SEGUNDOS PLATOS

Carnes y aves, 92
Bocaditos de carne con setas, 93
Bocaditos de ternera, 94
Callos aromáticos, 94
Carne de cerdo asada con manzanas y ciruelas, 95
Carne de ternera estofada, 96
Cerdo al vino, 97
Civet de liebre, 97
Conejo con cebollas y pan tostado, 98
Conejo de corral guisado con berenjenas, 99
Cordero a la chilindrón, 100
Estofado mixto al limón, 101
Estofado de pollo a la soja, 101
Fardelillos de carne con setas, 102
Fricasé de pollo con verduras, 103
Jarretes de cordero asado con guisantes, 104
Lomo asado cuatro sabores, 105
Manos de cerdo con piñones y guisantes, 106
Muslos de pollo con setas, 107
Osobuco con verduras, 108

Índice de recetas

Panecillos rellenos, 109
Pastel de pollo (galantina), 110
Pato con nabos y ciruelas, 111
Pavo al beicon, 112
Pavo a la naranja, 112
Pechuga de pavo con pomelo, 113
Perdices guisadas, 114
Pollo a la cazuela, 115
Pollo al curry, 115
Pollo a la riojana, 116
Ragú de carnes variadas, 117
Rollitos de pollo con piña y jamón, 118
Rosbif al ajo, 118
Solomillo al cerdo con cebolla, 119
Ternera guisada con salsa de nueces, 120
Ternera guisada con setas y salsa de anchoas, 120
Ternera marinada, asada con puré de patatas, 121
Ternera con pimientos, 122

Pescado y marisco, 123
Asado de sepia, 124
Asado de sepia con guisantes, 124
Atún con tomate a la zaragozana, 125
Bacalao al ali-oli, 125
Bacalao fresco con patatas, 126
Bacalao con patatas, 127
Bacalao con salsa de leche, 127
Bacalao en salsa verde, 128
Besugo en salsa, 128
Bonito encebollado, 129
Bonito a la española, 129
Brandada de merluza, 130
Calamares rellenos de carne, 131
Cangrejos de río en salsa tártara, 132
Chipirones en su tinta, 132
Filetes de gallo al coñac, 133
Marmitako, 134
Merluza a la gallega, 135
Merluza guisada, 135
Merluza a la marinera con patatas y gambas, 136
Merluza en vinagreta, 136
Mero a la jardinera, 137
Mújol con salsa holandesa, 138
Pastel de bonito, 138
Pescadilla rellena, 139
Pescadilla en salsa de almendras, 140
Pudín de pescado, 141
Pudín de truchas y mejillones, 142
Pulpo con arroz, 143
Pulpo salteado, 143
Ragout de bacalao, 144
Rape a la sidra, 145
Salmonetes guisados con alcachofas, 145
Sepia con albondiguillas de carne, 146
Zarzuela de pescado, 147

POSTRES

Arroz con leche, 151
Bizcocho de chocolate, 151
Buñuelos de manzana, 152
Compota navideña, 152
Confitura de albaricoque, 153
Confitura de fresas, 153
Confitura de naranja, 154
Copas de compota de manzana, pasas, nueces y nata, 154
Dulce de cabello de ángel, 155
Dulce de castañas, 155
Dulce de membrillo, 156
Flan, 156
Flan de coco y nueces, 157
Flan de manzanas, 158
Manzanas rellenas de orejones y avellanas, 158
Mousse de manzana, 159
Peras al vino tinto, 159
Pudín, 160
Pudín de pan, 160
Tocinillo de almendras, 161
Tocino de cielo, 162
Yogur, 162

SALSAS

Fondo oscuro, 165
Fondo rubio, 165
Fondo de verdura, 166
Fumet de pescado, 166
Salsa de albahaca, 167
Salsa de alcachofas, 167
Salsa de azafrán, 168
Salsa blanca básica (besamel o velouté), 168
Salsa boloñesa, 169
Salsa bordelesa, 169
Salsa cazadora, 170
Salsa cremosa de tomate, 170
Salsa curry, 171
Salsa española, 172
Salsa de estragón, 172
Salsa de limón, 173
Salsa de menta, 173
Salsa de mostaza a la crema, 174
Salsa de pimienta, 174
Salsa de tomate, 175
Salsa de tomates y zanahorias, 175
Salsa de vino blanco con pasas de Corinto, 176
Sugo, 176

www.ingramcontent.com/pod-product-compliance
Lightning Source LLC
Chambersburg PA
CBHW080441170426
43195CB00017B/2846